CH. MONTAUDOIN

CONTRIBUTION

A

La Réforme

de l'Enseignement

PRÉCÉDÉE DE RÉFLEXIONS

SUR QUELQUES PROBLÈMES SOCIAUX

ATTINGER FRÈRES, ÉDITEURS

PARIS | NEUCHATEL

30, Boulevard Saint-Michel 30 | 7, Place Alexis-Marie Piaget, 7

CONTRIBUTION A LA
RÉFORME DE L'ENSEIGNEMENT

CH. MONTAUDOIN

CONTRIBUTION

à

La Réforme

de l'Enseignement

PRÉCÉDÉE DE RÉFLEXIONS
SUR QUELQUES PROBLÈMES SOCIAUX

ATTINGER FRÈRES, ÉDITEURS

PARIS	NEUCHATEL
30, Boulevard Saint-Michel 30	7, Place Alexis-Marie Piaget, 7

A la fin de leurs études secondaires, l'Etat dit aux jeunes gens : si vous désirez être avocats, médecins, ou poursuivre un enseignement supérieur, entrez, les portes de mes facultés sont toutes grandes ouvertes. Mais si ces jeunes gens veulent être ingénieurs, ce même Etat ne fait qu'entrebâiller les portes de ses rares Ecoles, et pour eux, le filtrage décevant du concours commence...

(Contribution à la réforme de l'Enseignement, page 57.)

PRÉFACE

———

Le grand bouleversement qu'a provoqué l'Allemagne, dans la quasi certitude qu'il tournerait à son profit, invite à la méditation ceux que leur âge prive de cet honneur : combattre.

Tandis que leurs enfants sont à la frontière, pour défendre contre l'ennemi la France d'hier et celle d'aujourd'hui, le devoir de ceux qui sont à l'arrière, tout en accomplissant la tâche qui s'impose à chacun d'eux, consiste encore à préparer la France de demain.

Ils doivent commencer à saisir l'opinion et à l'éclairer sur les grandes réformes nécessaires, indispensables à notre pays, pour qu'après la grande guerre il occupe avec dignité et autorité la place qui lui reviendra dans l'Europe nouvelle qui va sortir de la mêlée des peuples.

Cette brochure n'a donc d'autre fin que d'attirer l'attention des citoyens sur quelques-uns des problèmes qui sont déjà inscrits à l'ordre du jour et, en particulier, sur celui, très important, de la réforme de l'enseignement.

Il n'y a pas, à notre avis, de plus belle tâche à accomplir pour la nation que celle qui tend à faire de ses enfants des Français capables de concourir à sa grandeur et à sa prospérité.

Tous ceux qui croient avoir un mot à dire et une idée à apporter, doivent donc, dans une si importante affaire, prononcer ce mot et donner cette idée.

C'est là ce que nous avons essayé d'accomplir dans les quelques pages de cet opuscule, bien que notre profession ne nous donne aucune autorité admise pour les écrire. Que le lecteur nous en excuse.

CHATOU, Juillet 1916.

PREMIÈRE PARTIE

RÉFLEXIONS

sur quelques problèmes sociaux

I

La République nouvelle par une Constituante.

Si, comme il est permis de l'espérer, une Europe nouvelle doit sortir de l'affreuse guerre que l'Allemagne et ses complices ont déchaînée, dans cette Europe, la France, par ses sacrifices et par l'héroïsme de ses enfants, aura droit d'être au premier plan; elle, que ses ennemis se plaisaient à représenter comme une nation dégénérée; elle, que l'Allemagne croyait pouvoir terrasser en quelques semaines, c'est devant elle justement,

que le grand flot de l'invasion germanique se
sera brisé.

Plus la guerre dure, plus on a conscience,
en effet, que c'est aux jours immortels de
la Marne qu'a échoué le plan du grand état-
major allemand.

C'est la victoire française qui a permis
aux alliés de se ressaisir, de s'organiser enfin
pour opposer leurs forces à la plus formidable machine de guerre qui jamais a roulé
sur le monde en alarme.

Et depuis, après de vaines tentatives en
différents points de l'immense front qui s'é-
tend chez nous des dunes de la mer du Nord
à la trouée de Belfort, rassemblant toute sa
puissance, l'Allemagne, au bout de dix-neuf
mois de guerre, déclara que Verdun était la
tête de pont de la route de Paris.

« Prendre Verdun, disaient les chefs à
leurs soldats; encore cet effort, disaient les
dirigeants au peuple, et la Victoire conso-
lidera, couronnera nos victoires. » L'univers
regardait, attentif, frémissant; mais les as-
sauts furieux et répétés, les canons grondant

jour et nuit, le déploiement d'un matériel formidable, rien ne prévalut contre la défensive française; et ce fut en vain que le kronprinz allemand fit périr devant Verdun un nombre d'hommes que l'histoire dévoilera. « Ils ne passeront pas », avait dit le chef français, répétant le mot de ses soldats; et ils n'ont pas passé.

Cette défense de Verdun sera célèbre à l'égal d'une victoire : elle a montré aux nations que toute la puissance matérielle de l'Allemagne, par laquelle elle prétendait à l'hégémonie sur l'Europe et une partie du monde, échouait devant la puissante organisation et la valeur des Français.

La Marne et Verdun seront à jamais les deux plus beaux chants de la sanglante et tragique épopée. Ce sont des points culminants dans les fastes d'un pays, que rien ne peut dépasser.

La nation qui a pu dresser ces faits gigantesques dans son histoire, les verra toujours briller dans les siècles à venir. Quand un peuple a accompli de si magnifiques exploits, le droit lui est acquis de parler avec autorité dans le grand concert des nations, pour les préserver à jamais des calamités sans nom et sans nombre que l'orgueil de l'Allemagne et sa folie nous ont values dans cette guerre.

Mais si nous voulons remplir dignement le rôle auquel les événements nous prédestinent, rentrant en nous-mêmes, nous reconnaîtrons que nous avons maintenant d'autres victoires à remporter.

Si glorieux que s'annonce notre avenir, notre puissance matérielle et morale ne sera qu'éphémère si nous n'apportons pas des idées nouvelles à la France nouvelle que nous entrevoyons.

Il faut que celle-ci soit refaite dans son organisme, pour que nous mettions en harmonie nos institutions, nos mœurs et notre valeur physique et morale.

Nous venons de surprendre le monde : improvisateurs, résistants, valeureux, disciplinés, tolérants, généreux, devant cette révélation, devant cet épanouissement de nos qualités, les mains se tendent vers nous. Eh bien, il faut que l'union sacrée, qui devant le péril a pu les faire jaillir de notre sol et de notre race, subsiste encore après le danger.

Il faut, nous attaquant tout de suite à la question politique, que la République soit bien la chose publique et non instituée, dirait-on, pour un parti et sa clientèle; il faut que la forme du gouvernement soit acceptée par tous les Français. La République sera ce que nous voudrons qu'elle devienne; faisons la maison à notre goût et rendons-la aimable et hospitalière pour tous ses enfants. Est-ce donc là une tâche difficile ? Et si, pour la remplir, nous devons toucher à la constitution même en instituant l'autorité et la responsabilité au sommet, ne sommes-nous pas assez sages pour l'oser ?

Démocratie n'est pas synonyme de démagogie et la Liberté que nous voulons n'est pas sans frein devant l'autorité responsable. C'est là une simple question de rapport et de mesure qu'il faudra régler si nous voulons travailler en paix, sans être déchirés par les partis. On ne vit pas de politique étroite dans un grand pays; sa richesse et son développement ne peuvent pas dépendre des succès d'un parti qui prend le pouvoir. Ce qu'il lui faut, c'est un libre épanouissement dans le travail et non de mesquines luttes intestines qui entravent son essor.

Spectateurs blasés de la vieille comédie des jeux de la politique et du hasard, dans laquelle les acteurs, la plupart du temps, sont au-dessous de leurs rôles, nous ne voulons pas qu'aux ministres de la République nouvelle on puisse appliquer la formule, spirituelle et cinglante comme une réplique de Beaumarchais, dont s'est servi M. Charles Benoist pour caractériser le régime actuel : « n'importe qui étant bon à n'importe quoi, on peut, n'importe quand, le mettre n'importe où. » C'était là, en effet, une pratique courante dans ce mode de gouvernement qu'on a appelé « la République des camarades ».

Nous voulons pour l'avenir, un gouvernement plus logique, nous allions dire moins néfaste, pour administrer notre pays.

Notre constitution doit nous assurer la liberté, la paix intérieure et la stabilité dans le gouvernement. Elargissons le mode d'élection du président de la République. Que des représentants de toutes les assemblées élues et de tous les corps de l'Etat participent à cette élection. Que le président, à son tour, choisisse pour ministres les hommes qu'il juge aptes à en remplir les fonctions. Il est nécessaire qu'il ait ce libre choix.

Et si l'on croit qu'au-dessus même du président, il doive exister un grand conseil de la République qui n'interviendrait que dans des cas prévus par la constitution, pourquoi ne l'instituerait-on pas ?

Mais, pour le plus grand bien de notre pays, que la députation ne soit plus une carrière que l'on embrasse à défaut de celle que l'on devait remplir !

Un député, qu'est-ce ? un simple mandataire qui fait entendre au pouvoir exécutif les désirs et les vœux de ses électeurs. Pourquoi voulez-vous en faire un législateur ? Laissez le soin de faire les lois au Conseil d'Etat ;

2

les juristes sont plus qualifiés pour ce rôle que les députés. Le rôle de ceux-ci doit être limité dans de courtes sessions: le vote du budget, le contrôle des dépenses, la discussion des propositions et des vœux de la nation et le vote des lois préparées par le Conseil d'Etat, d'après les indications et les grandes lignes discutées et admises par les Chambres, là doit se borner l'activité du député.

De toute évidence, le fonctionnement actuel du régime parlementaire doit être modifié; trop d'irresponsables et de turbulents nuisent à la bonne marche de nos affaires. Qui n'a constaté maintes fois une fâcheuse confusion des pouvoirs entre l'exécutif soi-disant responsable et les députés qui ne le sont pas.

Le mode d'élection des députés n'est pas, lui non plus, intangible. Il est entendu qu'on ne parlera pas ici de toucher au suffrage universel: il faudrait, au contraire, l'étendre et donner le droit de vote à la femme qui joue un rôle aussi important que celui de l'homme dans la société. Alors qu'un homme, fût-il le dernier des illettrés, a le droit de voter, comment ose-t-on le refuser à tant de femmes instruites et pleines de bon sens ? C'est là une iniquité révoltante qui ne peut se tolérer dans un état démocratique. Toutes les femmes mères de famille, ou veuves ayant des enfants, ou justifiant si elles ne sont pas mariées de certaines garanties, telles les femmes commerçantes, fonctionnaires, diplômées, devraient avoir le droit, par le vote, de manifester leur volonté dans l'orientation des destinées de leur pays et, comme corollaire, être éligibles.

Les pères de famille ayant quatre enfants ne pourraient-ils disposer de deux bulletins ? Le système actuel les met sur le même pied que les célibataires !

Mais, envisageant cette extension du suffrage universel, ne serait-il pas sage que les députés fussent élus au deuxième degré ; on échapperait ainsi à cette surenchère éhontée par laquelle les vendeurs d'orviétan flattent la masse des électeurs.

Chaque commune de France nommerait ses électeurs et ceux-ci à leur tour choisiraient leur député. Ce serait là simplement l'application du principe de la sélection, apportée à la vie politique du pays; pourquoi ce qui est bon dans l'ordre de la nature, serait-il néfaste pour les hommes dans la société ? Enfin, il serait désirable qu'un grand parti d'union se constituât entre les Français de bonne volonté plaçant l'intérêt supérieur de la patrie et la forme du gouvernement au-dessus de toutes les combinaisons des coteries politiques.

Nous sommes fatigués des intrigues, et si c'est là le fruit du régime parlementaire tel qu'il est pratiqué, il est bien évident que les rouages en sont à remplacer. Donnons mandat à une constituante de réparer la machine; on peut trouver mieux et empêcher celle qu'il s'agit de construire de grincer souvent et de coincer quelquefois comme fait celle-ci.

Mais je ne fais qu'esquisser ici dans des lignes rapides ce que tout le monde sent et j'arrive à un autre ordre de réformes qui touchent à la vie sociale de la nation.

II

Trois problèmes.

Parmi les problèmes sociaux qui se posent à nous, il y en a trois de premier ordre qui devront être résolus, si nous avons la ferme volonté, après la terrible épreuve que nous subissons, de refaire notre chère France.

Nous aurons à nous occuper :

1º De l'hygiène de notre race, en réglementant la production et la consommation de l'alcool, en édifiant des habitations salubres à la ville et à la campagne, etc.

2º Nous aurons à rechercher par quels moyens nous pouvons encourager le développement de la natalité dans les familles françaises.

3° Enfin, et c'est le but de ce mémoire, nous devrons harmoniser les méthodes d'enseignement des jeunes Français avec les besoins et les exigences du monde moderne.

Préserver la Race.

Multiplier la Race.

Instruire la Race.

Tel est le triple problème auquel doivent s'attaquer tous les hommes de bonne volonté, tous les bons citoyens.

III

Hygiène sociale.

Ce premier problème, qui consiste à préserver la race de la déchéance vers laquelle elle glisse, non seulement paraît facile à résoudre, mais il l'est en réalité.

Ne suffit-il pas, en effet, de faire s'incliner les intérêts particuliers des bouilleurs de crû devant l'intérêt supérieur de la nation pour obtenir plus qu'à moitié la solution du problème ?

Toute l'élite de la France est d'accord pour accuser l'alcool d'être le terrible fléau, le poison qui décime la race, le pire ennemi de l'intérieur, et on ne pourrait le vaincre ? Une poignée de gens néfastes qui s'agitent et intriguent à la Chambre auraient la prétention de faire échec à la science et à la morale ?

Un simple décret du tsar autocrate a, depuis la guerre, supprimé la consommation de l'alcool dans tout l'Empire russe, et tout aussitôt le réflexe s'est fait sentir : augmentation des dépôts d'argent dans les Caisses d'Epargne.

Quant à la question des logements à la ville, un gros effort commençait à se manifester avant la guerre. Des sociétés s'étaient constituées pour procurer aux ouvriers des logements salubres à bon marché. La voie est

ouverte, il suffit de l'élargir et de s'occuper
aussi de la campagne. Le premier pas est fait,
il faut développer intensivement ces sociétés;
rien ne sera plus facile, si on veut bien ne pas
tout rapporter au pouvoir central et laisser
aux syndicats professionnels, ouvriers, patro-
naux, constitués enfin rationnellement et au-
torisés à posséder, le développement de ces
questions qui les intéresseraient bien autrement que les misérables organisations de grè-
ves, désastreuses pour tout le monde, vers
lesquelles s'est trop souvent arrêtée leur énergie.

Au reste, signalons en passant que la loi
sur les syndicats est à reviser. Est-il admissi-
ble que les syndicats puissent se fédérer et
constituer pour ainsi dire un état dans l'Etat ?
Quoique démocrate, nous ne le pensons pas,
car nous y trouvons plutôt une source de
maux et de troubles qu'une assurance de paix
publique et de progrès réels.

Que penserait-on de confédérations reli-
gieuses cherchant à imposer leurs doctrines ou
encore de confédérations de Chambres de com-

merce essayant de molester les travailleurs ?
Si le droit d'association est nécessaire, indispensable même, nous ne pensons pas qu'il doive s'étendre à l'association des associations, c'est à dire à la confédération.

Après l'alcool et l'habitation, la rue.

La rue, qui appartient à tout le monde, doit être propre ; entendez ce mot dans tous les sens et ne la laissez pas envahir non plus par les apaches et les prostituées. Un préfet de police énergique suffirait à cette besogne ; mais, de grâce, pas de veulerie ; la rue doit être respectée, c'est le bien commun sur lequel les agents doivent veiller. Est-ce trop demander que de dispenser les citoyens de s'armer du revolver lorsqu'ils sortent de leurs demeures ?

Encore un mot. La censure, tant blâmée avec raison quand elle s'exerce sur la pensée ou sur la politique, doit être rétablie pour tout ce qui concerne les spectacles et l'affichage.

Pourquoi des exhibitions idiotes, grossières, obscènes seraient-elles tolérées pour satisfaire les imbéciles et les fêtards ? Une nation a mieux à faire que de flatter et d'entretenir les vices de ces malheureux. Elle doit au contraire prendre des mesures pour s'en préserver.

L'énergie du vouloir et quelques règlements peuvent suffire pour réaliser un bien immense ; réagissons et ne nous laissons pas enliser dans la boue et l'ordure.

En résumé :

Préservons notre race du poison de l'alcool.

Préservons-la de la tuberculose et des épidémies en lui procurant des habitations saines.

Nettoyons la rue.

Enfin, que ceux qui se chargent d'amuser le public, s'en acquittent sans l'abêtir ni le salir.

Telles sont les questions d'hygiène sociale qui devront être résolues.

IV

Développement de la race et Création d'une caisse de natalité.

Le second de ces problèmes vitaux est infiniment plus complexe. En l'abordant, c'est une question de mœurs qui se pose, et qui ne peut, comme le premier que nous venons d'exposer, se résoudre seulement par des décrets et des lois. Multiplier la race, c'est bientôt dit. Si les Français ne veulent plus faire d'enfants, les y contraindrez-vous ? Comment ? par quels moyens ? C'est là une question désolante pour l'instant, effrayante pour l'avenir.

Quel philosophe assez éloquent et persuasif fera comprendre aux Français et aux Françaises que l'homme et la femme qui s'unissent ont un triple devoir à accomplir, envers eux-mêmes, envers la société, envers la nature ?

Qu'on ne s'unit pas seulement pour la joie
de vivre à deux, que la nature qui a formé
deux êtres, que la société qui les a façonnés,
attendent d'eux, comme tribut, la procréation
d'autres êtres qui perpétueront l'espèce dans
l'ordre naturel, la famille et la patrie dans
l'ordre social ? Qu'en agissant ainsi, on ne
fait que rendre à la Vie universelle ce qu'on
lui doit, et qu'on la trahit en agissant autrement, puisqu'on tarit ses sources ?

Quel moraliste montrera aussi tout ce que
renferme de grand et de noble la famille,
quand, autour du père et de la mère, se grou-
pent, étagés, les enfants ?

Comment faire comprendre aux Français
que les joies familiales sont d'un ordre infiniment supérieur à toutes celles que peut se
procurer un célibataire égoïste, ou à celles
de deux époux qui n'ont eu d'autre fin que
de se suffire à eux-mêmes ? Nous savons
qu'ils ont ainsi évité la rude charge et les
peines qui souvent peuvent survenir du fait
des enfants ; mais nous affirmons qu'ils n'ont
pas connu de la vie tout ce qui en fait la no-

blesse et qu'ils ont manqué le but qui la justifie.

Le problème de la natalité se rattache donc tout d'abord à une question morale et la limitation volontaire devenue à peu près générale, n'est pas, comme d'aucuns l'écrivent, le triste privilège des sectateurs d'une philosophie.

Il n'est pas prouvé que le mal sévit moins dans le faubourg Saint-Germain, qu'à Belleville ou qu'à Ménilmontant.

Ce mal remonte déjà loin dans le passé.

Quand j'étais tout petit, je me souviens très bien que dans le milieu modeste où j'étais élevé, les ménagères se disaient entre elles : « Vous savez que le fils un tel va se marier ? — Qui épouse-t-il ? — Une fille unique. — Ah, c'est bien, il a de la chance !... »

Et dans ma sagesse d'enfant, que la civilisation n'avait pas encore corrompu, ô Rousseau, je me disais : « Pourtant on s'amuserait bien davantage à la noce, si la fille « unique » avait des frères et des sœurs ! »

J'ai vieilli depuis sans changer d'opinion

et je plains toujours l'enfant unique, et davantage encore ses père et mère qui risquent tous
leurs espoirs sur lui seul.

Mais si le problème de la natalité se rattache tout d'abord à la morale, il est loin de
laisser indifférents les sociologues. Ceux-ci
se demanderont en effet devant le péril, si la
loi ne peut, elle aussi, intervenir et favoriser
enfin les familles nombreuses.

Qu'on m'entende bien, ce n'est pas en les
dégrevant d'une faible partie de leurs impôts
qu'on incitera les familles à se développer :
c'est, à mon avis, par une loi sur les successions qu'on pourrait entre elles rétablir l'égalité des charges.

En effet, une famille laisse un fils ou
une fille, tout le bien des parents passe à cet
unique enfant. Une famille de même condition
laisse quatre enfants, ceux-ci évidemment n'auront que le quart de l'avoir familial et il ne
peut en être autrement sous la législation
actuelle. Voulez-vous que vos enfants soient
dans une condition équivalente à la vôtre sous
le rapport de la fortune ? N'en ayez qu'un,

deux au plus, dit la loi actuelle ; si votre im-
prévoyance vous en donne cinq, six, ou une
douzaine, partagez vos champs en cinq, six
ou douze parts ; après une vie de travail et de
labeur, donnez de la poussière à des malheureux ! Ce système égalitaire est par trop
simpliste et nous déplorons le résultat auquel
il nous a conduits. Les cris d'alarme se font
entendre, les décès sont en plus grand nombre
que les naissances, la France se suicide, on en-
trevoit l'abîme où elle glisse volontairement.

Que faire en présence d'une situation aussi
désastreuse ?

Des enfants ! faites des enfants ! donnez-
nous des enfants ! disent les démographes, cla-
ment les philosophes ; le péril est imminent !

On ne peut cependant forcer les unions
à produire des enfants, mais on pourrait, au
nom de l'intérêt supérieur de la patrie, leur en
imposer les charges. Il suffit, là encore, de
le vouloir fermement.

Il faut agir puisque c'est pour notre pays
une question de vie ou de mort. Et ce n'est pas
par les demi-mesures que l'on y réussira.

D'abord faut-il laisser au père de famille une liberté de tester plus grande que celle que la loi actuelle lui reconnaît. Il ne s'agit pas de rétablir le droit d'aînesse ; mais entre ces deux formes extrêmes et absolues de la succession, le partage égalitaire et le privilège de l'unique héritier, on doit trouver une mesure équitable qui permettrait à la famille de prospérer plus facilement, si l'on admet toutefois que la cellule principale de la nation n'est pas l'individu, mais la famille.

Si la Révolution a aboli le droit d'aînesse, les législateurs d'alors avaient sans doute d'excellentes raisons pour le supprimer ; mais le système égalitaire qu'ils y ont substitué, d'après les résultats que nous constatons maintenant, n'a pas donné ce qu'ils en attendaient.

« Ils pulluleront comme des lapins », disait Mirabeau, et c'est justement le contraire qui s'est produit.

Un grand débat est à soulever sur le régime des successions.

Quoi qu'il en soit, laissons les Français

libres de procréer ou non, puisque aussi bien nous ne pouvons faire autrement; mais osons, à leur mort, examiner le bilan de leur vie ; osons hardiment écrire dans la loi que le premier devoir naturel et social des citoyens est de donner des enfants à la communauté ; disons que des droits inversement proportionnels au nombre des enfants qu'ils auront laissés seront perçus dans leurs successions, pour rétablir ainsi l'égalité des charges entre les familles qui donnent des enfants à la patrie et celles qui s'en abstiennent.

Nous reviendrons plus loin sur ce point important ; jetons auparavant un coup d'œil sur le réel péril qui menace notre pays du fait de sa faible natalité.

La loi du nombre, au seul point de vue de la surface que des citoyens occupent sur la terre comme nations, a une importance capitale, et il est inouï que la France, si privilégiée sous tous les rapports, compte à peine quarante millions d'habitants, quand soixante millions pourraient y vivre dans un bien-être supérieur à celui que nous y trouvons. Cette

population normale produirait évidemment plus
de richesse que l'insuffisante population actuelle et cette richesse, équitablement répar-
tie par les institutions, rendrait la terre douce
et aimable à ses enfants. A un autre
point de vue, la nature, qui se soucie peu
quand elle forme les êtres de la situation sociale de ceux qui les engendrent, a besoin,
elle aussi, de millions et de millions d'exem-
plaires pour faire son élite, ses hommes supérieurs, ses hommes-flambeaux; à elle aussi
il faut le nombre, tout comme à la société,
pour s'épanouir.

On nous a toujours montré le pays que nous
habitons comme un des plus favorisés de la
terre. Sous le rapport du climat, sous le
rapport de la richesse de son sol, il n'a rien
à envier aux plus privilégiés. Cependant, on
doute que cette terre de France soit aussi
généreuse et belle que veulent bien le dire les
poètes qui la chantent, les géographes qui la
décrivent ou les historiens qui la racontent,
car la race humaine depuis un siècle ne s'y développe plus. Les statistiques de géographie

humaine comparée sont terrifiantes ; voici ce
qu'on y trouve.

Les chiffres suivants sont donnés en unités
de mille et sont tirés de la « Statistique an-
nuelle » de M. Jean Birot, agrégé de l'Université.

Pour la France :

Années		1905	1906	1907	1908	1909
Nais-sances	Excédents	37	26	—	46	13
	Déficit			19		

Superficie 528,000 km² ; densité : 74 habitants
au km².

Pour l'Allemagne :

Années		1905	1906	1907	1908	1909
Nais-sances	Excédents	792	910	882	879	884

Superficie 540,000 km² ; densité : 120 habitants
au km².

Cette densité, suivant les Etats confédérés,
s'établit comme suit :

Prusse	115	Wurtemberg	125
Bavière	91	Bade	142
Saxe	320	Hesse	167

Il en est de même pour les Iles Britanniques dont l'excédent des naissances en 1909 atteignait 478 mille et qui ont une densité de 145 habitants; comme pour l'Italie qui, la même année, avait un excédent de 377 mille et une densité de 121. En Espagne même, les naissances étaient alors en excédent de 184 mille.

Nous ne parlons que de nos grands voisins immédiats; pour la Belgique, avant la catastrophe, sa prospérité était plantureuse sous tous les rapports.

Nous sommes loin de la malheureuse moyenne française : 74 habitants au kilomètre carré.

Nous mourons d'anémie, on ne peut plus nous comparer à nos voisins opulents, nous tarissons notre source de vie. Cette race française, si valeureuse, si ingénieuse, si économe, va-t-elle périr sans avoir entendu les cris d'alarme qui la préviennent du danger qu'elle court ?

Quelles sont les causes d'une situation si déplorable pour notre pays ? Ce n'est ni son ciel ni son sol; c'est nous, les habitants de

cette terre, nous, les coupables, ce sont nos
mœurs qui sont à modifier et nos institutions
qui sont à réformer.

Nous avons les défauts de nos qualités et un
trop grand nombre de familles françaises pous-
sent l'économie et la prévoyance si loin, qu'elles veulent que leurs biens, après elles, soient
répartis entre le moins de mains possible.

Quel calcul ! Et combien est terrible le
mal qui nous ronge ! Du reste, tout conspire
dans notre organisation pour le développer.
Prenez, par exemple, le système de nos banques ; regardez-le fonctionner, écoutez-le cla-
mer par tous les organes : ne vous fatiguez
pas, n'entreprenez pas, prêtez de l'argent à
vos voisins ; voici d'excellents titres qui vous
dispenseront de tout effort ; toucher des cou-
pons sur l'étranger, c'est l'idéal ! Non, c'est
un leurre ; c'est même un mensonge, car celui
qui gagne de l'argent, ce n'est pas celui qui
prête, c'est celui qui sait travailler avec l'argent qu'on lui prête.

En tout cas, il est déplorable, quand, au
point de vue de l'outillage national, nous som-

mes si en retard, de voir les grandes banques drainer les épargnes pour permettre à d'autres nations de nous faire concurrence sur les marchés du monde.

Il ne faut plus qu'il en soit ainsi : France d'abord, sera notre seule devise.

C'est notre effort national qui peut seul nous donner la prospérité, si nous avons le nombre de bras et de cerveaux qui nous permettent de travailler.

Dans une grande nation, la loi du nombre s'impose; les frais généraux ne sont pas en raison directe des citoyens qui la composent; plus ceux-ci sont nombreux moins leurs charges sont lourdes. Si les impôts que nous avons se répartissaient sur 60 millions de Français, chiffre que devrait atteindre notre population sans grand effort étant donnée la superficie de notre pays, nous serions allégés d'un tiers de ce fardeau.

C'est le nombre qui, dans la paix, procure à une nation la puissance matérielle pour produire abondamment, et c'est lui aussi qui, dans la guerre, lui donne la force pour se défendre.

Nous n'avons plus l'air de comprendre en France cette vérité élémentaire de la loi du nombre; personne ne veut s'inquiéter du péril que nous fait courir cette natalité si faible qu'en vingt-cinq ans, de 1884 à 1909, sept années ont été déficitaires et ont donné un chiffre de naissances inférieur de 140 mille au nombre des décès; les 18 autres années de cette période, qui embrasse un quart de siècle, ont donné un excédent de 956 mille, de sorte que, tout compte fait, le gain de la France en vingt-cinq ans est de 816,000 habitants. Et c'est là justement, au bas mot, le gain annuel de l'Allemagne.

Oui, nous mettons pour nous développer en nombre vingt-cinq fois plus de temps que l'Allemagne. Voilà la vérité devant laquelle tous les Français doivent se placer et sur laquelle la conspiration du silence s'était établie, parce que la grande majorité des Français se sent coupable, à tous les degrés, en haut comme en bas, avec, en bas, l'autre fléau, l'alcool qui étiole la race.

Faites une enquête au sommet, chez les

dirigeants, et comptez combien sont chefs d'une famille de trois ou quatre enfants. Poursuivez cette enquête autour de vous dans l'innombrable armée des fonctionnaires, tous gens partisans du moindre effort, et vous serez atterrés du mot d'ordre de la limitation.

Donc, chaque année notre pays s'augmente de la valeur d'une petite préfecture de troisième classe de 30 à 32 mille habitants, tandis que l'Allemagne s'accroît de cinq ou six villes, comme Toulouse ou le Havre !

Après cela, si nous voulions continuer à fermer les yeux devant le danger qui nous menace, c'est que nous préférerions la déchéance et ses maux à la joie de vivre dans l'effort.

Quand la malheureuse guerre de 1870, suivie de l'insurrection parisienne, nous fit tomber si bas, des esprits nobles et généreux voulurent rendre à la France une part du prestige mondial que l'Allemagne lui avait fait perdre. Aussi, après la réorganisation et les luttes que la fondation de la République exigea, tournèrent-ils leurs vues vers la création d'un empire colonial.

Nous réussîmes au delà de toute espérance et c'est là le grand œuvre de la troisième République. Elle saisit le moment opportun pour prendre sa large part des terres disponibles, ou assurer son protectorat sur des empires livrés à l'anarchie ou semi-barbares.

Mais pour que cet immense empire, créé en trente ans, soit pour nous une source de richesse, faut-il encore que nos enfants y essaiment, qu'ils s'y installent, que leur commerce et leur génie y rayonnent, que l'on y sente, en un mot, l'emprise puissante d'un peuple fort. Ce ne sont pas, croyons-le bien, les fonctionnaires qui donneront cette impression. Les bienfaits ne se font sentir que par le commerce et l'industrie. Or comment veut-on que nous essaimions, puisque c'est à grand'peine que nous entretenons la source de vie sur notre terre natale ?

Les enquêtes sur les causes de la dépopulation sont un peu vaines ; faut-il entasser tant de rapports et de paperasses, étaler tant de science et déployer tant de talent, quand tout le monde sait pertinemment que, pour remédier au mal, il n'y a qu'à s'attaquer résolument aux causes que nous connaissons et qui engendrent le fléau de la dépopulation ?

Revenons à cette loi sur les successions que nous préconisons plus haut et disons que, en dehors des droits actuels et avant l'application de ceux-ci, toutes les successions seront touchées par un impôt de natalité.

Cet impôt sera nul pour les familles de quatre enfants, sensible pour celles qui ne comptent que trois enfants, lourd et très lourd pour toutes les autres et en particulier pour les célibataires. L'échelle de progression, évidemment, est à étudier; mais il est nécessaire de combattre l'égoïsme et de ramener les Français à cette conception rationnelle qu'une famille ne s'appauvrira pas en procréant et en donnant à la patrie les enfants dont elle a le plus grand besoin.

D'aucuns diront brutalement : une partie des Français va donc nourrir la progéniture des autres ? Nous répondrons non moins durement : oui ; car c'est grâce à cette progéniture dont vous voulez vous éviter le souci, que la France restera forte et pourra défendre vos personnes, vos foyers et vos biens en cas d'agression de ses ennemis.

Avec cette caisse de natalité, comme il deviendrait simple d'aider efficacement les familles nombreuses ! Quelle que soit la situation de celles-ci, riches ou pauvres, au quatrième enfant par exemple, la caisse de natalité interviendrait par une prime efficace qui se continuerait par annuité jusqu'à ce que l'enfant ait atteint sa seizième année. Ce serait là un droit légitime et compensateur pour les belles familles.

Evidemment, nous n'indiquons là que les prémisses de la réforme, les modalités en devront être étudiées; mais la base sur laquelle elle repose nous paraît être solide et inattaquable; elle relève du droit et de la justice.

La France dans sa natalité subit une crise terrible; voulons-nous essayer d'en conjurer le danger ? Qu'on recherche donc les remèdes efficaces qui pourront l'arrêter.

Nous en proposons un ; il y en a sans doute

d'autres. Qu'on les discute en les soumettant
à l'opinion publique.

En tout cas, celui que nous préconisons par
l'impôt spécial dans les successions, alimentant
une caisse de natalité, ne touche en rien à la liberté des citoyens qui ne veulent pas d'enfants,
ou qui consentent à n'en avoir qu'un, quelquefois deux, mais presque jamais trois. Sur
cette affaire de la procréation, chacun restera
libre d'agir suivant ses sentiments; cependant,
un Etat qui veut être grand et fort doit encourager efficacement les citoyens qui acceptent
les soucis et les charges d'une famille nombreuse et il paraît équitable de faire participer
après leur mort les citoyens qui pendant leur
vie ont évité ces charges.

C'est d'une élégante prévoyance qu'une
famille ne laisse qu'un ou deux héritiers;
mais la nation, qui est le droit collectif,
ne trouve pas son compte à ce calcul égoïste.
C'est en aidant les familles nombreuses qu'une
démocratie s'honore et se grandit, puisque la
plupart du temps c'est par en bas qu'elle
renouvelle les hommes qui, à tour de rôle,

se mettent à son service pour la diriger vers ses destinées.

Résumons ces quelques pages en répétant, une fois de plus, qu'il faut empêcher le peuple de s'empoisonner par l'alcool, qu'il faut le loger convenablement à la ville et à la campagne et qu'enfin, il faut constituer une caisse de natalité pour favoriser le développement des belles familles françaises.

Faisons les efforts nécessaires pour résoudre ces questions. Travaillons pour le salut de notre race ou laissons-la s'éteindre : c'est le dilemme qui se pose aujourd'hui pour nous.

Mais non, nous voulons vivre; il n'est pas possible, après le magnifique exemple que nous venons de donner au monde dans les journées de la Marne et dans les mois de Verdun, il n'est pas possible, disons-nous, qu'après la guerre, nous ne réformions notre manière d'envisager la vie et les mœurs qui en découlent : les institutions et les lois devront aider à cette heureuse transformation.

DEUXIÈME PARTIE

La Réforme de l'Enseignement

I

Critique de l'enseignement actuel.

Le troisième et important problème sur lequel la discussion commence à s'ouvrir est en apparence d'allure plus modeste que les précédents, puisqu'il s'agit simplement, en l'étudiant, d'apporter une réforme aux méthodes d'enseignement pratiquées en France.

La question ainsi présentée n'apparaîtrait pas, en effet, comme devant entraîner un bien grand bouleversement et l'on pourrait croire qu'il ne s'agit ici que d'une simple discussion de programme entre pédagogues.

Nous osons cependant écrire que, si ce

4

troisième problème est envisagé dans toute son ampleur et résolu hardiment dans toutes ses parties, une France nouvelle en sortira. |

Nous n'avons pas l'outrecuidante prétention de donner une étude complète sur un sujet aussi important et aussi vaste que celui-ci : nous connaissons la mesure de nos forces et nous savons trop ce qui nous manque pour oser l'entreprendre.

Cependant, ayant souvent eu l'occasion d'orienter nos pensées sur cette question, nous considérons comme un devoir de rouler notre pierre vers l'édifice qu'il s'agit de reconstruire : tel le croyant du moyen âge s'attelait aux matériaux de la cathédrale rêvée.

C'est dans ce but et pour cette noble tâche de rénovation, que nous soumettons à ceux qui s'occupent de l'instruction et de l'éducation de notre jeunesse française, et s'intéressent à elle, les quelques vues, non pas nouvelles, certes, ni hardies, mais rationnelles, qui peuvent se rencontrer dans ce mémoire, simple contribution à la réforme indispensable de notre enseignement public.

Dans la guerre de 1870, l'Allemagne, a-t-on dit, nous avait vaincus non seulement par ses armées, mais surtout par ses instituteurs. On entendait par là que tous ceux qui avaient la charge d'éduquer la nation prussienne, instituteurs et professeurs de tout rang, s'étaient parfaitement acquittés, pour notre malheur, de leur mission. Les maîtres de sa jeunesse l'avaient disciplinée, ils avaient exalté l'amour du Vaterland; les chefs de ses armées étaient instruits; hélas ! beaucoup de ces choses essentielles manquaient à nos pères de l'année terrible.

Aujourd'hui, pour expliquer la résistance de l'Allemagne, on nous frappe une autre formule lapidaire qui, comme l'ancienne, la vieille d'il y a quarante ans, renferme, elle aussi, une grande part de vérité : si l'Allemagne résiste, c'est grâce à ses chimistes. Ceux-ci, en effet, s'ingénient, malgré nos quolibets faciles, à tirer des produits essentiels des substances les plus baroques : nous en rions, de quoi ne rions-nous pas ? mais ils prolongent la lutte et nous savons ce qu'elle nous coûte en sang et en or par vingt-quatre heures. C'est la ration des chimistes allemands.

Si l'on veut bien élargir l'idée que renferme cette formule banale, on peut écrire que c'est encore plus avec sa puissante industrie qu'avec ses soldats que l'Allemagne se bat contre nous. Que vaudraient ceux-ci devant les nôtres, s'ils n'étaient appuyés sur le plus formidable outillage de guerre qui, pour le malheur du monde, ait été conçu et réalisé ?

« Sans notre industrie, a dit le chancelier de l'Empire dans un de ses discours, nous aurions perdu la guerre. »

Pour arriver à une force matérielle s'exerçant avec cette puissance incomparable, il faut une légion de techniciens et d'ouvriers, il faut les ressources naturelles du pays mises en œuvre, il faut l'aménagement des canaux et des rivières, un réseau parfait de voies ferrées desservant le pays et ses milliers d'usines.

Que l'Allemagne, avec son amour du colossal et dans la griserie de son ascension économique, ait dépassé la mesure, les bornes, les lois de la sagesse, cela est évident pour nous, puisque son excès l'a conduite au pangermanisme et à son rêve d'hégémonie. Notre inertie, sous le rapport de l'organisation industrielle, n'en est que plus frappante quand on compare les deux pays.

Cette infériorité industrielle qu'il faut bien constater chez nous, tient surtout à ce que nous n'avons pas su harmoniser l'enseignement donné à nos enfants avec les besoins d'une société moderne qui a renouvelé et décuplé ses moyens de production.

Nous avons continué à suivre, satisfaits de quelques timides retouches, les vieilles routines du passé.

Nous en sommes restés à faire des bacheliers, sans plus : notre effort va jusque là, mais non au delà, et nous avons laissé subsister, dans notre Etat soi-disant démocratique, le fossé qui sépare les deux enseignements, le primaire et le secondaire, celui-ci étant réservé aux enfants dont les familles peuvent supporter les lourdes charges qu'il entraîne, l'autre, le primaire, à la masse des enfants du peuple.

Il faut rendre cette justice à l'Etat que s'il ne s'inquiète plus, dans le secondaire, de l'enfant dès qu'il en a fait un bachelier, il ne s'inquiète pas davantage, dans le primaire, de l'enfant du peuple à qui il a donné le certificat d'études. Il se dégage à peu de frais. La tâche est courte, mais nous en sommes là.

Il résulte évidemment de cette manière de faire, un immense flottement dans les familles et chez les enfants. Tout s'arrange néanmoins au petit bonheur, c'est-à-dire assez mal. Et quand l'enfant est embusqué gratte-papier dans une grande administration de l'Etat, le problème est résolu pour la famille. L'est-il pour l'enfant, l'est-il pour la société? Rendons à l'action un peuple de ronds-de-cuir !

Le monde évolue rapidement. Nous devons évoluer avec lui et ne plus vivre avec des méthodes d'enseignement surannées qui ne préparent aucunement les enfants au rôle qu'ils auront à remplir dans la société. Au siècle dernier encore, les « métiers mécaniques » étaient tenus en défaveur; la plupart des fils uniques des familles bourgeoises étaient orientés vers les professions dites libérales, comme si les plus belles professions n'étaient pas celles qui, en donnant à l'homme l'indépendance, procurent encore au pays sa richesse par le développement de l'agriculture, du commerce et de l'industrie. La nation moderne doit être aussi fière des fils qui la servent par leurs entreprises que de ceux qui la servent par la parole.

Pour qu'il en soit ainsi, une grande partie de l'élite de nos jeunes gens doit être dirigée de préférence vers les professions qui donnent au pays sa prospérité économique.

Rien ne nous semble plus facile. Mais il faut vouloir, pour arriver à cette fin, réformer notre enseignement secondaire et créer en France, ce qui n'y existe pour ainsi dire qu'à l'état embryonnaire : l'enseignement technique secondaire.

Cependant, prévoyons l'écueil qui va se présenter, et n'allons pas, dans notre ardeur inconsidérée, jeter bas un édifice et des méthodes qui, à tous les âges, ont produit des esprits si magnifiques que la France en portera toujours le rayonnement à travers les siècles. Non, il ne faut pas, pour créer les techniciens dont la société moderne a besoin, porter une main sacrilège sur la discipline des vieilles méthodes traditionnelles, sur les humanités, dont le génie de la France est sorti. Il vaudrait mieux, pour notre renom dans les siècles futurs, nous enliser doucement et périr, que de constituer une race de barbares instruits, méprisant les lois morales qui sont l'honneur de l'humanité.

Donc, dans la réforme faisant l'objet de ce mémoire, n'oublions pas, avant toute autre chose, que le but de l'enseignement c'est d'abord de former la conscience de l'enfant : « Sapience n'entre point en âme malévole et science sans conscience n'est que ruine pour l'âme ».

Mais après avoir formé cette conscience, cet

enfant, cet homme en puissance, nous devons
encore le conduire pratiquement et lui faciliter
les moyens de s'élever dans une situation sociale, dans la carrière de son choix.

Nous considérons que c'est un devoir pour
l'Etat de faciliter l'entrée de toutes les carrières à la jeunesse studieuse; il ne s'en est guère
soucié jusqu'ici et les familles se débrouillent
difficilement dans un choix extrêmement limité.

Que se passe-t-il en effet actuellement ?

A la fin de leurs études secondaires, l'Etat
dit aux jeunes gens : si vous désirez être
avocats, médecins, ou poursuivre un enseignement supérieur, entrez, les portes de mes facultés sont toutes grandes ouvertes. Mais si ces
jeunes gens veulent être ingénieurs, ce même
Etat ne fait qu'entrebâiller les portes de ses
rares écoles et, pour eux, le filtrage décevant
du concours commence !

Quelle maladresse, quelle ineptie, pour ne
pas dire plus ! Tout à l'heure, l'Etat disait
avec raison : nous avons besoin d'avocats, de
médecins, de professeurs, et il invitait les jeu-

nes gens à venir s'inscrire tout simplement,
sans frapper à la porte des écoles; et maintenant, ce même Etat prétend qu'il n'a besoin d'ingénieurs, de commerçants, d'agrono-
mes, de futurs chefs militaires qu'en nombre
limité, puisqu'il organise le concours à la
base, à l'entrée de ces carrières.

L'Etat retarde; il ignore que nous avons
beaucoup plus besoin d'ingénieurs que d'avocats et encore plus besoin d'agriculteurs que
de médecins.

Son attitude envers la jeunesse montre qu'il
n'a pas été attentif à l'évolution qui changeait
le monde, qu'il se cristallise dans les formules
vieillies et qu'il est grand temps de rajeunir
celles-ci pour les harmoniser enfin avec le
monde moderne.

Avez-vous arrêté votre réflexion sur ce fait
que les jeunes gens de l'enseignement secondaire qui désirent devenir ingénieurs, se préparent pour la plupart à subir les examens
d'entrée à l'Ecole polytechnique; mais que les
quatre cinquièmes des candidats échouent, puisque le nombre de places dans cette école su-

périeure est très limité ? Et le petit nombre de ces jeunes gens qui atteignent leur but, que deviennent-ils ? A part quelques postes d'ingénieurs de l'Etat, réservés aux premiers de chaque promotion, il ne reste aux autres que le choix d'être sapeurs ou artilleurs. S'ils n'ont pas la vocation militaire, ils s'empresseront de démissionner, puisqu'ils désiraient être ingénieurs et qu'on en a fait des soldats !

Le plus clair dans tout ceci, c'est le but manqué.

Les élèves qui auront échoué au concours de l'Ecole polytechnique se rabattront sur l'Ecole centrale des Arts et Manufactures; or, ici encore, c'est l'encombrement des candidats, d'où il résulte qu'après le concours, il ne reste qu'un petit nombre d'élus et beaucoup de déçus qui ont perdu un temps précieux et qui se trouvent découragés. C'est le gaspillage du temps inestimable de la jeunesse, organisé par l'Etat, pour les jeunes gens de l'enseignement secondaire qui désiraient devenir ingénieurs.

Par l'enseignement primaire et spécialisé, les jeunes gens, aujourd'hui, peuvent obtenir un diplôme d'ingénieur : les Ecoles nationales d'Arts et Métiers le délivrent à leurs meilleurs élèves. Ceux-ci, naturellement, sont sélectionnés par le concours et l'on peut dire que les jeunes gens qui à dix-sept ans entrent dans ces écoles, appartiennent, eux aussi, à une élite qui plus tard constituera l'armature industrielle de la nation. Cependant il faudra toujours regretter que les jeunes hommes formés dans ces écoles n'aient pu sucer dans leur jeunesse le lait vivifiant des humanités, à cause du fossé profond qu'il y a entre les deux ordres d'enseignement, le primaire et le secondaire.

Sur ce fossé, il faut établir de nombreux ponts. Il faut ensuite organiser notre enseignement technique secondaire et enfin modifier notre enseignement technique supérieur.

L'enseignement technique en France n'a pas été ce qu'il aurait dû être ; il est temps vraiment de lui donner la place qui lui revient dans la nation moderne pour son plus grand

épanouissement économique, source de bien-
être pour tous ses enfants.

C'est sous l'influence des encyclopédistes
et en particulier de Diderot, que la France
commença à s'intéresser à la technologie des
métiers. Ce grand précurseur, fils du cou-
telier de Langres, ce littérateur philosophe
accepta ou plutôt s'empara dans l'encyclopédie
de cette tâche: faire connaître les métiers et
montrer l'art nécessaire à leur exercice.

Comme, à cette époque, on se sentait pour
ainsi dire au seuil d'un monde nouveau qui
infailliblement devait naître et que les idées
généreuses qui flottaient dans l'air trouvaient
des esprits pour les recueillir, qu'y a-t-il d'é-
tonnant à ce qu'un duc de la Rochefoucauld
créât pour les fils de ses vassaux, dans son
domaine de Liancourt, une école où l'on en-
seignerait l'Art des Métiers.

Et c'est ainsi qu'un grand seigneur disciple
d'un philosophe devint, en 1780, le fondateur
de l'enseignement technique.

La Convention trouva l'idée heureuse et
transporta l'école de Liancourt à Compiègne.

A son tour l'Empereur, aussi grand adminis-
trateur que grand capitaine et à qui le temps
manqua, un peu par sa faute, pour faire et
façonner la France qu'il rêvait, transféra, pour
la développer, l'école à Châlons-sur-Marne.

Ainsi la création du duc de la Rochefoucauld répondait bien à un besoin, puisque
l'école qu'il avait fondée survivait à toutes
les vicissitudes de cette période troublée.
Après plus de cent trente ans, la mémoire
du duc reste honorée parmi les élèves des
Ecoles nationales d'Arts et Métiers.

Aujourd'hui, on compte en France six de
ces Ecoles : Châlons (1806), Angers,
(1815), (Aix (1843), les plus anciennes ;
puis Lille (1900), Cluny (1901), enfin Paris (1912), celles-ci créées tout récemment
pour répondre aux nécessités nouvelles, car
on finissait par s'apercevoir que nos voisins
formaient des masses d'hommes habiles dans la
technique industrielle, des ingénieurs, en un
mot. Alors comme nous avions un moule, cons-
truit il y a un peu plus de cent ans et qu'à l'u-
sage on l'avait reconnu excellent, on le retapait

simplement et il continuait à servir. Ecoutons Michelet parler de la vieille école de Châlons et indiquer, en la célébrant, ce qui lui manque et qu'on n'a jamais su donner aux écoles similaires: « Belle et mâle école; mais quoi ! rien sur la patrie, rien sur le but de l'homme, sur le monde, la terre, sur ces contrées où peut-être ses élèves iront ! Rien sur l'histoire de ces arts qu'on enseigne, rien qui y puisse orienter l'élève et le fasse planer au-dessus ! Les esprits les plus positifs savent que, pour la pratique même, il faut dominer ce qu'on tient, en savoir les tenants et les aboutissants, savoir d'où l'on part, où l'on va. » (Michelet. *Nos fils.*)

Oui, nous sommes bien d'accord avec le grand historien ; ce qui manque dans l'enseignement des Ecoles d'Arts et Métiers, excellent à tant d'égards, c'est que la formation morale du jeune homme s'y trouve trop négligée et que son instruction générale est véritablement trop sacrifiée à l'enseignement technique. Primitivement, les trois écoles de Châlons, d'Angers et d'Aix n'avaient d'autre but

que de former des contre-maîtres instruits
dans la théorie et la pratique des métiers;
mais, aujourd'hui, l'évolution de l'industrie a
contraint les pouvoirs publics à développer
le programme des études et à décerner le diplôme d'ingénieur aux trois-quarts des élèves
sortants dans chaque promotion; mais honneur
oblige, il faut que ces jeunes hommes soient
complets sous tous les rapports. Les nouvelles
méthodes d'enseignement y pourvoiront.

Quant à l'enseignement technique supérieur,
oserons-nous demander s'il est donné à l'Ecole
polytechnique ? Personne ne voudrait l'affir-
mer.

Comme chacun le sait, c'est à la Convention que revient l'honneur d'avoir fondé cette
illustre école. Elle atteignit alors son but,
celui de former avec l'élite des jeunes
gens de la nation, des hommes supérieurs
dans la culture des sciences et dans leurs ap-
plications; mais à notre époque, pouvons-nous,
en présence du développement des sciences,
avoir la prétention de former des jeunes encyclopédistes de vingt ans ?

La vérité, qu'il faut dire, c'est que cette institution ne répond plus aux nécessités de sa création; elle est devenue une école à la fois civile et militaire vers laquelle, à défaut d'autres, sont aiguillés trop de jeunes gens avides du mandarinat qu'elle confère.

Au-dessous de l'Ecole polytechnique, à côté si vous le voulez, se place l'Ecole centrale des Arts et Manufactures. Ecoutons encore Michelet dans l'œuvre déjà citée : « Notre Ecole polytechnique, après le jeune élan pratique qu'elle prit de la Révolution, s'était envolée dans l'algèbre tendait à devenir l'aristocratie du calcul. C'est alors que des hommes positifs, attachés aux réalités d'un humble et fort enseignement (un ingénieur, un chimiste, un professeur), prirent la place que la haute école avait laissée et firent la leur, très près du type originaire de 94 qui avait été si fécond. »

Oui, dès le milieu du siècle dernier, de bons esprits se rendirent compte qu'entre l'enseignement abstrait de l'Ecole polytechnique et celui, trop modeste, des écoles d'Arts et

5

Métiers d'alors, une lacune était à combler et ils jetèrent les bases de l'Ecole centrale des Arts et Manufactures.

Il fallait cette école pour les fils de la bourgeoisie qui prévoyait que l'industrie manufacturière, dans son enfance alors, ne ferait que se développer et qu'il serait indispensable d'avoir des ingénieurs pour la diriger.

Cette industrie, en effet, s'est si bien enflée dans le monde, elle y a pris un tel essor que l'enseignement forcément synthétique de cette école est devenu insuffisant pour la tâche qui attend le jeune ingénieur à la fin de ses études.

En somme, pas une de nos écoles ne peut développer son enseignement parallèlement aux progrès des sciences appliquées. Et l'Ecole centrale, parfaite comme les précédentes à sa création, a besoin, comme les autres, d'être mise en harmonie avec les exigences nouvelles.

Tout l'organisme de notre enseignement technique secondaire et supérieur est à reprendre et à transformer. Nous ne parlerons pas des Ecoles industrielles, commerciales, agricoles répandues un peu partout : leur création se fait sans obéir à l'idée directrice d'un plan fortement conçu. Jusqu'ici, l'enseignement technique est un enseignement bâtard, né des circonstances. Les universitaires le dédaignent, les savants l'ont ignoré, et pourtant, dans la lutte économique qui va s'ouvrir demain, une nation vaudra surtout par la force de cet enseignement.

Créons dans notre pays une solide armature technique. Nous n'y parviendrons qu'en bousculant beaucoup de vieilles institutions, en en détruisant aussi quelques-unes sans doute. Ce n'est pas par la timidité ni par le replâtrage que nous réussirons; mais les assises sont excellentes sur lesquelles nous pouvons édifier l'enseignement nouveau nécessaire à la jeunesse française.

II

Le nouvel enseignement.

Le voici tel que nous le concevons, et nous prions le lecteur de ne voir dans cette exposition qu'un essai sur cette importante réforme.

A la base de l'enseignement, liberté complète dans les trois ordres : primaire, secondaire et supérieur. Instruire la jeunesse ne peut être le monopole d'un Etat, ni d'un parti, ni d'une association religieuse ou philosophique.

Mais l'Etat, qui représente l'association des familles, étant directement intéressé à ce que la formation des enfants soit faite suivant les meilleures méthodes, doit considérer comme un des principaux devoirs qui lui incombent l'éducation de ses futurs citoyens. Il en

assume la charge par son organisme d'enseignement et son ministère de l'instruction publique; et s'il ne doit empêcher de naître
et de se développer tout organisme fonction-
nant parallèlement au sien et poursuivant le
même but, c'est sous toute réserve de son
droit imprescriptible de contrôle. Comme conséquence, ses maîtres seuls décernent les diplômes et confèrent les grades.

En résumé, à la base comme au sommet,
la liberté de l'enseignement, avec les règles
qui s'imposent pour que le manteau de cette
déesse ne soit pas la couverture de l'anarchie !

Tout en bas, pour les petits de quatre
à sept ans, partout des garderies, des écoles
maternelles. L'enfant joue d'abord; les trois
quarts du temps, il vit dehors; de tout petits
exercices pour l'initier aux premiers éléments,
mais surtout des mouvements d'ensemble qui
façonnent si bien à la discipline.

A la tête de chacune de ces écoles, une
femme, connaissant autant que possible ce

qu'est la maternité, et, au-dessous d'elle, en stage, des jeunes filles qui sortent des écoles normales. Cela peut paraître bizarre à première vue; mais c'est à deux fins qu'il serait désirable qu'il en fût ainsi. D'abord pour la jeune fille, après ses études, ce serait un repos intellectuel salutaire de lâcher les livres, comme cela en est un pour le jeune homme sortant des écoles d'aller payer sa dette à la patrie en passant par le régiment.

Ensuite, au point de vue de sa formation pédagogique, rien de meilleur pour la jeune maîtresse à ses débuts que ce stage d'une année dans une école maternelle; elle y apprendra comment on manie la pâte qui fera les futurs garçonnets et fillettes qu'elle aura à instruire.

Ainsi, sous la direction d'une femme expérimentée, se formeront simultanément des éducatrices et des tout petits enfants dressés à la discipline. Ce mot viendra souvent sous notre plume, parce que nous croyons de bonne règle éducative une discipline, non pas étroite et abêtissante, mais celle très large qui sait faire comprendre que l'ordre et la tenue sont nécessaires dans tout groupement. Ce sont là des habitudes que les éducateurs doivent faire prendre aux enfants dès leur prime jeunesse. Actuellement, il y a sous ce rapport un relâchement déplorable auquel il est temps d'aviser.

Donc, de quatre à sept ans, l'enfant joue et chante; non pas dans une cour triste ou dans une salle sévère, mais, au contraire, dans une classe pleine d'images renouvelées par roulement et qui serviront de prétexte aux belles histoires que raconteront les jeunes maîtresses très savantes qui, entre temps, moucheront leurs élèves et en auront soin dans tous les accidents physiques des fragiles petits animaux qui leur sont confiés. Si des jeunes filles instruites considèrent cette tâche comme au-dessous d'elles et indigne de leurs diplômes, c'est qu'elles n'aiment pas les enfants et elles ne peuvent prétendre à l'honneur de les élever. Au régiment, le titre de licencié ne dispense pas de la corvée de quartier et, sans se diminuer, des agrégés remplissent,

comme les camarades, les fonctions d'homme
de chambre !

Tout le personnel enseignant va manquer
d'hommes. Déjà, avant cette effroyable guerre, on sentait que le recrutement des écoles
normales primaires se faisait difficile; pro-
fitons-en pour remplacer tous les instituteurs,
qui ne sont pas à leur place dans cet ordre
d'enseignement, par des institutrices. Nous
avons besoin d'hommes partout ; dans l'agriculture, le commerce et l'industrie les bras
et les cerveaux vont nous manquer ; toute
notre jeunesse masculine devra être orien-
tée vers des carrières qui permettront le développement de la richesse nationale. Ne pouvons-nous réorganiser notre enseignement primaire, former des maîtresses et obtenir d'elles ce que nous en attendons ? Qui peut
en douter ?

On me dira que les classes de garçons sont
trop dures pour des femmes. Actuellement,
cela doit être vrai : Cinquante gosses indis-
ciplinés et une jeune fille de vingt ans à la
tête ne donneront, en effet, rien de bon. Si

je n'avais pas mieux à proposer, je ne deman-
derais pas à changer les choses.

Mais on a vu que j'ai eu soin, en parlant
des écoles maternelles, d'indiquer que, dès
son plus jeune âge, par la pratique des mouvements rythmiques et d'ensemble, l'enfant
prenait le pli de la bienfaisante discipline;
en arrivant à sept ans à l'école, il n'y trouvera
pas grand changement, et la jeune fille insti-
tutrice sortant de manier les enfants de cinq
ou six ans, les grands des écoles maternelles,
conservera l'autorité acquise sur les petits de
sept à huit ans de l'école primaire. Tout cela
n'est qu'une question de formation des élèves
et des maîtresses. Celles-ci, suivant leur
goût et les aptitudes que leurs chefs recon-
naîtraient en elles, seraient orientées vers l'é-
ducation des filles ou celle des garçons. Enfin les classes ne devraient compter que vingt
à trente élèves. Il est impossible même aux
maîtres actuellement de s'occuper de cinquante enfants.

On me dira que le système énoncé de
confier l'enseignement primaire des filles et

des garçons jusqu'à douze ans aux femmes est une aventure à courir; cependant, dans les familles un peu aisées où la mère est instruite, ne la voit-on pas s'occuper de ses enfants, filles ou garçons, et ne les aide-t-elle pas de ses conseils dans leurs premiers devoirs ?

Nous allons avoir du fait de la guerre une grande quantité de femmes à employer; ne peut-on diriger leur activité vers l'enseignement ? Je suis sûr que la plupart s'y distingueraient. Mais les maîtresses ne vaudront jamais que ce que vaudra leur formation dans les écoles normales, et c'est sur ce point capital que les soins des pédagogues devront se porter.

A douze ans, les enfants en grande majorité quitteraient l'école ; mais quelles que soient leurs occupations, leurs employeurs, de par la loi, auraient l'obligation de les envoyer pendant deux ans fréquenter deux heures par jour les cours postscolaires qui seraient institués sur tout le territoire de la République. On ne pourrait engager d'enfants de quinze ans sans que le livret scolaire comportât les deux années d'assiduité à ces cours. Ils seraient dirigés par les institutrices les plus âgées qui s'appliqueraient surtout à la formation morale du jeune homme. Il y aurait encore de ce fait une innovation à accomplir sous le rapport de l'éducation et les qualités de la femme s'y exerceraient merveilleusement.

Evidemment, l'emploi des enfants serait réglé et contrôlé de manière à empêcher les patrons mauvais citoyens à ne s'attacher que des enfants libérés de l'obligation post-scolaire.

Tout cela n'est rien à organiser et ce serait pour le ministère du Travail une belle tâche à remplir que de s'occuper de l'enfant à sa sortie de l'école primaire. Du reste, nous ne désirons pas qu'il soit seul à le faire.

De même qu'il faut au Conseil d'Etat des légistes groupés par sections suivant leur compétence, il faudrait un Conseil supérieur de l'Enseignement et de l'Education, du Travail et de l'Apprentissage des enfants, pour étudier et régler le problème si important de la formation de la jeunesse. Ce Conseil se composerait aussi de différentes sections comprenant des savants, des pédagogues, des agriculteurs, des industriels, des commerçants, des ouvriers et enfin des membres du clergé des différents cultes, tout le pays étant intéressé aux solutions de toutes les questions touchant à la jeunesse.

Comme on le voit, la tâche se développe : encore n'en avons-nous touché qu'une faible partie. Il nous faut maintenant aborder une question qui doit, à juste titre, préoccuper les citoyens épris de justice : c'est celle du fossé large et profond qui existe entre les deux genres d'enseignement, le primaire, gratuit pour tout le peuple; le secondaire, très onéreux et réservé par cela même aux enfants dont les parents sont assez aisés pour en payer les frais.

Quelle injustice ! et pourquoi ces deux mesures uniquement basées sur la fortune des parents, sans considération de ce que peut valoir l'enfant ? Eh bien, hardiment, il faut jeter des ponts sur ce fossé, et nombreux, et donner l'accès de l'enseignement secondaire à l'élite des enfants des écoles primaires; il faut que vingt pour cent de ces enfants, si cela est nécessaire, trouvent par sélection leurs places dans les collèges et les lycées; non pas pour faire d'eux des demi-savants, mais pour tirer d'eux ce que la nature a déposé dans leurs cerveaux. On s'effrayera moins de notre proposition quand nous aurons expliqué les fins que nous attribuons à l'enseignement secondaire.

L'enseignement secondaire tel qu'il est donné actuellement n'aura sans doute pas de profonds changements à supporter : son but restera purement spéculatif; il ne visera qu'un objectif absolument désintéressé.

Il se composera de deux cycles; le premier, de douze à quinze ans, comporterait en cinquième deux sections: section A avec le latin, section C sans latin. En quatrième, les études grecques commenceraient par l'ou-

verture d'une section B consacrée spécialement aux lettres, tandis que dans les deux
sections A et C, l'étude des sciences serait
poussée davantage ainsi que celle d'une langue vivante. Un certificat d'études secondaires
serait délivré à la fin de ce premier cycle.

Dans le second cycle, deuxième et première, pour les jeunes gens de quinze à dix-
sept ans, les études se poursuivent comme
dans le premier cycle. Pour les lettres, dans la
section B, avec le grec et le latin; pour
les sciences, dans les deux sections A et C,
la première avec le latin et une langue, la
seconde avec deux langues vivantes. (Voir
les tableaux donnés à titre de simple indi-
cation, deuxième partie, chap. III.)

Ce n'est là qu'une ébauche sans aucune
prétention; nous demandons aux maîtres d'éla-
borer un programme pas trop chargé, mais
dans lequel cependant trouve place la partie
essentielle, le fondement de tout esprit cul-
tivé ; et il est désirable que ce programme
puisse se réaliser dans une période de deux
cycles : trois, plus deux années.

Nous demandons encore à ceux qui étudie-
ront ce programme d'enseignement classique
que la durée des grandes vacances soit dimi-
nuée. Il est absurde de donner deux mois
et demi de congé. Qu'il y ait neuf mois
d'études effectives, nous n'y voyons aucun
inconvénient, si les programmes peuvent s'en
accommoder; mais il est nécessaire que les
vacances soient réduites à six semaines, que
quatre autres semaines soient réparties à Noël
et à Pâques, et qu'enfin le complément soit
employé aux exercices physiques qui devront
être prévus dans les programmes universitaires.

Nous sommes opposés aux très longues
vacances, parce que dans l'enseignement secondaire démocratique que nous entrevoyons, il
est souhaitable que les enfants des familles
peu fortunées, et même pauvres, qui recevront cet enseignement, ne restent pas un trop
long temps à la maison paternelle. Les familles aisées ont les distractions des voyages et
des plaisirs; petit à petit, elles ont fait fléchir
les vieilles règles de discipline du passé; les

grandes vacances durent un mois de plus que
quand nous étions jeunes; réagissons et n'ac-
cordons pour le grand repos annuel que ce
qui est rigoureusement nécessaire à l'enfant;
sa santé n'y perdra rien, du reste, puisque,
dans le courant de l'année, le sport qui sera
pratiqué le développera physiquement et sera
un repos intellectuel. Les vacances trimestriel-
les seront comme des soupapes d'échappement,
la machine scolaire continuera de tourner, mais
elle sera soulagée par ses repos périodiques.
Par la pratique d'un tel système, on tendra
certainement vers l'idéal de l'éducation : l'esprit sain dans un corps sain.

Signalons en passant que, pendant les six
semaines de vacances, il serait très bon de
pratiquer largement le système des échanges
d'enfants pour l'étude des langues étrangères.
Un essai dans ce sens avait déjà donné d'excellents résultats avant la guerre.

Il fallait, nous a-t-il semblé, préciser ici
ces quelques idées touchant la durée, l'uti-
lité et l'emploi des vacances, le sens qu'il
faudrait leur attacher dans les futurs program-

mes. Mais ce n'est, après tout, qu'une question accessoire et, nous excusant de cette digression, nous revenons aux études qui sont notre principal objet.

Au bout du second cycle, un diplôme est obtenu par les élèves ayant satisfait à l'examen — examen de fin d'études secondaires ou baccalauréat — qui termine la classe de première.

Nous avons souvent entendu des hommes haut placés s'élever contre le baccalauréat; nous n'avons jamais compris leurs diatribes contre cette petite formalité : faut-il, oui ou non, une sanction à la fin des études ? faut-il ouvrir les écoles supérieures à des jeunes gens qui n'ont pas voulu, pour la plupart, faire l'effort nécessaire pour obtenir ce diplôme ? Nous avons lu dans une feuille populaire un article, signé d'un nom ayant une grande notoriété, dans lequel on conseillait aux familles de faire de leurs enfants tout ce qu'elles voudraient, mais surtout de n'en pas faire des bacheliers. Le conseil était étrange, venant d'un universitaire ! Il est vrai

6

que ce professeur était devenu un homme
politique qui, n'en doutons pas, avait trahi
ou tout au moins dénaturé la pensée intime
de l'ancien normalien. En effet, sa formule
ainsi présentée avait l'air de dire aux parents : n'instruisez pas vos enfants en vous
servant de la vieille base des humanités : cela
ne sert de rien; vous en ferez des ratés.
Comme si le simple examen baptisé du nom
de baccalauréat était responsable des méfaits
de la méthode actuelle ! cette mauvaise méthode d'après laquelle on ne s'occupe plus des
enfants dès qu'ils ont obtenu ce premier gra-
de ; à moins que, continuant leurs études, ils
n'entrent soit dans les facultés, dont les portes leur sont ouvertes pour devenir avocats,
médecins, professeurs, soit par la voie du
concours dans l'une des trois grandes écoles,
Saint-Cyr, Centrale ou Polytechnique.

Or, la masse des enfants ayant fait leurs
études secondaires ne veulent être ni médecins, ni avocats, ni professeurs ; leurs familles, qui ont fait de gros sacrifices pour
leur donner cette instruction, ne peuvent con-

tinuer à faire les frais des études prépara-
toires aux grandes écoles spéciales ; d'ailleurs,
ces études sont trop décevantes, puisque le
concours écartera les trois quarts des candidats.

Alors... alors, comme dit le sénateur ancien professeur... « Madame, faites ce que
vous voudrez de votre enfant, mais n'en faites pas un bachelier ! »

Ayons un avis différent; répandons au contraire davantage l'enseignement secondaire, ne
divisons plus la nation par un fossé, en ré-
servant l'enseignement secondaire aux seuls
enfants dont les parents peuvent en faire les
frais, donnons-en l'accession à l'élite des
enfants de l'école primaire et formons
pour l'avenir de notre pays des générations
bien élevées par la forte discipline des
études.

Nous arrivons ici au point le plus important
de la question qui nous occupe, et c'est cette
interrogation qui nous y amène : mais qu'allez-vous faire de cette masse d'enfants que
vous aurez instruits ? Faire le contraire de

ce qu'on fait aujourd'hui, en continuant à nous occuper des bacheliers qui ne veulent être ni avocats, ni professeurs, ni médecins, pour en faire des industriels, des commerçants et des agriculteurs instruits ; en un mot, en créant en France l'enseignement technique secondaire. C'est là la partie neuve de la grande réforme à entreprendre.

Il est surprenant, prodigieux, qu'il faille un cataclysme comme celui de la guerre qui nous accable, pour nous ouvrir les yeux et nous montrer combien nous sommes en retard sous beaucoup de rapports, en comparaison de nos puissants ennemis. Nous avons ce don, au milieu de la tempête, de pouvoir analyser ce que nous sommes, ce que nous valons, ce qui nous manque, et alors nous improvisons, nous réalisons, nous résistons, et le débordement le plus furieux de la plus grande force matérielle que le monde ait jamais vue en mouvement, nous laisse impavides.

Ce que cela nous coûte, nous le saurons plus tard ; nous faisons l'essentiel, nous arrê-

tons l'ennemi : « La guerre est moins oné-
reuse que la servitude. »

Avec une telle race, que la mauvaise foi
et l'orgueil des Allemands représentaient comme une nation en décadence, que ne ferait-on
pas si l'on savait utiliser ses enfants ? Quelles mains puissantes et sages tiendront le gou-
vernail pour nous diriger vers les destinées
que nous pourrions atteindre ? Il est nécessaire
pour mériter une vie meilleure que celle que
nous supportons depuis la malheureuse guerre
de 1870, que nous nous corrigions des défauts qui crèvent les yeux, puisque nous les
étalons à plaisir, tandis que nous dissimulons
jalousement, pourrait-on croire, les qualités
supérieures qui sont au fond de la race et
qui, dans les temps tragiques, ont toujours
émerveillé le monde.

Nous parlons beaucoup, nous parlons trop,
nous n'avons aucune suite dans les idées, car
nous avons à notre tête pour nous diriger ces
deux puissances néfastes qui s'appellent l'ins-
tabilité et l'irresponsabilité, puis, marchant
derrière ce monstre à deux têtes, la Routine,

divinité pesante que toute administration vé-
nère, qui déconcerte, décourage et paralyse
l'esprit d'initiative.

Chez nous, rien n'aboutit. Est-il exagéré
de dire qu'entre le projet d'un canal, par
exemple, et son exploitation, il faut quelque
cinquante ans ! Nous assistons à des boule-
versements du monde tels que l'histoire n'en
a jamais vus. S'ils nous émeuvent, pourquoi
n'agissons-nous pas ? Tous les rouages de notre machine administrative datent de la Révolution et de l'Empire; nous avions alors pris
les devants, mais depuis, c'est à la suite des
autres nations que nous marchons, loin derrière, en piétinant. Oh ! ce n'est pas, bien entendu, sous le rapport intellectuel qu'il en est
ainsi; lettres, sciences, arts, rayonnent toujours sur notre terre de France ; mais que
devenons-nous sous le rapport industriel et
commercial ? La déchéance vers laquelle nous
glissons tient justement aux méthodes surannées, à l'organisme vieilli, au moteur fatigué
par le temps et qui tant bien que mal fait
encore tourner la machine.

A un monde nouveau il faut des méthodes
nouvelles. Pour donner à toutes les branches
de l'activité commerciale l'essor qu'elles sont
susceptibles de prendre, il faut préparer notre jeunesse à en remplir les cadres, il faut
la diriger vers l'exercice des professions. Il
faut que toute une élite de nos enfants re-
çoive l'enseignement technique secondaire.

Nous ne manquons pas d'avocats en France,
tout le monde le sait; mais personne n'ignore
que, faute de chimistes, nous sommes tribu-
taires de nos voisins. Avons-nous assez d'ar-
mateurs, d'électriciens, de mécaniciens, de fi-
lateurs, de constructeurs et de métallurgistes,
étant donné l'empire colonial que nous avons à
mettre en valeur ? Faute d'hommes instruits
dans ces spécialités, avons-nous seulement tiré
parti de toutes les ressources de notre terre
de France ? Est-il possible que des esprits
avertis admettent encore qu'un enfant, pour
embrasser la carrière d'ingénieur, doive subir,
à l'entrée, des concours qui ne sont demandés
pour aucune des professions dites libérales ?

Dans le monde moderne, de par les lois

économiques qui régissent les nations, avons-
nous besoin, à la tête des multiples affaires
qui donnent la richesse à un pays, d'hommes
instruits ? Mais, entendons-nous, instruits suivant la tradition française et complétés par
les méthodes nouvelles imposées par l'évolution. Dans l'affirmative, mettons-nous à
l'œuvre, modifions nos méthodes d'enseignement, n'abandonnons plus les jeunes gens
après leur baccalauréat et ouvrons toutes grandes à ceux qui n'ont qu'un goût modéré pour
le droit, la médecine ou l'administration, les
multiples écoles techniques secondaires où ils
pourront se développer dans la carrière de leur
choix.

Il est glorieux le peuple qui rayonne par
son esprit et par ses lettres sur le monde ;
le sera-t-il moins quand sa terre sera rede-
venue féconde et que son commerce lui donnera plus d'influence encore, plus de richesse
et plus de force matérielle ?

Que le terrible cataclysme qui désole une
partie du monde, et notre pays en particulier, soit le prétexte à la plus grave des mé-

ditations ! Jetons un regard sur nous-mêmes, sur notre France; sommes-nous entre Français ce que nous devrions être les uns pour les autres, sommes-nous toujours les fils d'une même Mère, et Elle, l'avons-nous placée, par notre conduite, notre travail, notre amour, à la place qu'elle doit occuper sur la terre ? C'est une Mère vénérable, vieille de près de deux mille ans, mais dont l'image toujours belle se renouvelle sans cesse dans la jeunesse de ses enfants. Faisons une jeunesse forte, vaillante, instruite, aimant les arts, mais honorant et pratiquant le commerce et l'industrie, et aussitôt l'image de la Mère tant aimée, pour laquelle tant de fils, et des meilleurs, ont donné leur vie, rayonnera d'une beauté nouvelle.

A l'œuvre ! pas de piétinement, pas de demi-mesures; hardiment, il faut faire table rase des vieilles méthodes d'enseignement ou les rajeunir suivant de nouvelles formules. Puis, à côté de cette restauration, il faut bâtir l'Ecole nouvelle, l'Ecole de l'avenir, celle d'où sortira la France que nous voulons, celle que, dans le cauchemar de la guerre et le fracas des armes, nous entrevoyons déjà.

Dans notre esprit, voici comment fonctionneraient les écoles d'enseignement technique secondaire ou d'Arts et Métiers, si l'on veut continuer à se servir d'une appellation qui honorerait la mémoire du duc de la Rochefoucauld, véritable créateur de l'enseignement technique en France, et une vieille institution : le Conservatoire national des Arts et Métiers. Mais le nom dont on les qualifiera nous importe peu ; c'est à leur création et à leur fonctionnement que nous nous intéressons dans ce mémoire.

D'abord, quel serait le nombre de ces écoles ? Répondons sans hésiter qu'il n'est pas limité. Le besoin crée l'organe, suivant la doctrine évolutionniste; les nouvelles écoles seront ouvertes quand il aura été démontré qu'elles sont nécessaires. Qui prendra l'initiative de ces créations ? Les hommes compétents et les Chambres de commerce sont seuls qualifiés pour en décider. La proposition en sera présentée au Conseil de l'Enseignement et de l'Education, de l'Apprentissage et du Travail des enfants, lequel appréciera l'exposé des motifs qui lui auront été soumis.

Ce grand Conseil, comme nous l'avons dit, (voir page 75) opère la liaison entre tous les organismes s'occupant de la jeunesse sous tous les rapports et l'administration des différents ministères.

Ces écoles seront régionales; elles seront établies évidemment dans les centres industriels, miniers, commerciaux, agriculteurs, maritimes ou universitaires.

L'enseignement théorique sera assuré par des professeurs titulaires des chaires, et les cours de technologie par des praticiens expérimentés dans leur profession.

Pour être étudiant, il suffirait simplement, comme pour faire ses études de droit ou de médecine, d'être diplômé de l'enseignement secondaire et de prendre ses inscriptions en payant les droits fixés par les règlements, droits variables suivant les enseignements qui seraient donnés dans ces écoles. Le budget de celles-ci serait en partie à la charge des Chambres de commerce et en partie à la charge de l'Etat.

Les études seraient poussées très activement pendant deux années; les jeunes gens, ayant été bien préparés par l'enseignement secondaire des lycées, feraient spécialement l'application des sciences à la carrière industrielle choisie; quatre heures par jour d'études théoriques et six heures de manipulations dans les laboratoires ou de travaux manuels dans les ateliers ou les champs d'expériences donneraient d'excellents résultats, si l'on en juge par ceux obtenus dans les écoles d'Arts et Métiers telles qu'elles fonctionnent actuellement. Au reste, nous n'aurions pas la prétention, en deux années d'études menées aussi intensivement qu'on le pourrait faire, de former des ingénieurs complets : cette science de l'ingénieur, dans toutes ses branches multiples, ne s'acquiert qu'avec l'expérience; mais nous aurions cette ambition de former, avant le service militaire, toute une pépinière de jeunes gens instruits dans toute l'acception

du terme, c'est-à-dire munis d'une solide instruction classique, bien façonnés sous le rapport de la formation technique, bien armés
en un mot pour entreprendre. Tous ceux-là
n'aspireraient pas au parasitisme ni au fonc-
tionnarisme, mais à la vie active et libre, la
seule qui permette à l'individu de se développer et de créer la richesse de la nation.

Les études faites dans ces écoles ne donneront aucun droit à aucune espèce de mandarinat. Un diplôme d'ingénieur spécialiste
sera décerné aux élèves ayant satisfait aux
examens de sortie; son seul rôle sera d'at-
tester que celui qui le possède a fait une
bonne préparation dans sa carrière. En quit-
tant l'école, ce jeune homme ne sera pas
plus favorisé que ne le sont les avocats ou
les médecins munis de leurs grades ou de
leurs diplômes.

Les ateliers, les laboratoires, les bureaux
d'études lui ouvriront leurs portes; mais, comme le commun des mortels, il devra se faire
à lui-même sa route, sans privilège, si cela
n'en est un, que d'être bien armé; si cela

n'en est un, que de pouvoir bien remplir
sa tâche dans une société où l'exercice des
métiers, où la profession, en un mot, aura
la place qu'elle doit avoir dans la nation moderne. Car ces professions si belles qui donnent l'indépendance seront encore ennoblies,
n'en doutons pas, quand toute une élite les
exercera. Lorsque les jeunes gens que nous
aurons ainsi formés dans toutes les branches
du commerce et de l'industrie seront à la
direction des affaires, un sang nouveau circu-
lera dans les artères de la France et la
réveillera de sa torpeur.

Les esprits timorés vont nous dire : prenez garde; qu'allez-vous faire de tous ces
diplômés, de ces demi-savants ? croyez-vous
qu'ils se contenteront des situations médiocres
que vous avez à leur offrir à la fin de leurs
études ?

Nous répondrons d'abord que nous ne ferons pas de demi-savants. Nous avons la simple prétention d'initier à la vie industrielle
les jeunes-gens de notre pays. Au lieu de
les abandonner, comme cela se fait aujour-

d'hui pour le plus grand nombre, après le baccalauréat, nous disons aux jeunes gens : jusqu'ici, on ne s'est appliqué qu'à vous former dans un but purement spéculatif; maintenant, la vie active commence pour vous; eh bien, venez dans nos écoles pour y apprendre les bonnes méthodes et la pratique de la carrière que vous aurez choisie. Nous vous en ouvrons les portes toutes grandes. Il ne s'agit pas de perdre son temps et de faire des concours, vous en ferez plus tard si cela vous enchante; actuellement, il faut vous former dans l'exercice d'une profession qui assurera votre avenir.

Quand les familles trouveront toutes ces écoles offertes à leurs enfants, elles s'orienteront facilement et le problème angoissant ne se posera plus pour elles. Et si une mère nous interroge, nous répondrons, à l'encontre du sénateur, ancien professeur de l'Université : madame, faites faire à votre fils les études classiques traditionnelles; quand il aura son diplôme de bachelier, qui n'est qu'une simple attestation que ses études ont été sa-

tisfaisantes, il aura le libre choix de prendre
ses inscriptions dans telle école qui lui con-
viendra pour devenir un professionnel ha-
bile ; et complaisamment nous énumérerons
à la maman émerveillée la longue liste d'écoles d'enseignement technique secondaire dont
sera parsemé le territoire de la République,
pour sa plus grande gloire et la prospérité
de ses citoyens.

Ces écoles techniques ne recevraient, comme nous l'avons dit, que des étudiants. Mais
ces étudiants ne sont après tout que de grands
enfants. D'autre part, l'Etat ne peut prendre la charge et les dépenses que nécessi-
terait l'internat. Remarquons d'ailleurs que
ce système n'est pas à encourager : l'Etat est
mauvais marchand de soupe et ce n'est pas
son affaire. Il faut donc l'alléger de ce souci
et en même temps donner aux familles toute
sécurité touchant les conditions dans lesquelles leurs enfants se procureront le vivre et
le couvert dans les villes où ils feront leurs
études. Voici comment nous pourrions y par-
venir.

Dans chaque ville où se trouve un collège, un lycée, une école d'enseignement technique secondaire, prolongement du collège et du lycée pour le plus grand nombre, ne pourrait-on pas instituer des pensions qui seraient tenues par des femmes honorables, agréées par les municipalités ? La tenue de ces pensions deviendrait pour beaucoup un profit complémentaire. Il ne faudrait pas évidemment que cela dégénérât en industrie, car nous retomberions dans l'internat; on pourrait confier une demi-douzaine d'enfants, au plus, à des braves gens chargés de leur donner tous les soins matériels, à des prix fixés par les municipalités. Au lieu de construire de vastes casernes pour y interner des enfants, on construirait davantage des maisons saines et salubres et les villes n'y perdraient rien.

On peut lire dans les Mémoires de Marmontel que les Jésuites appliquaient ce principe au dix-huitième siècle; ne parle-t-il pas, en effet, des « ménagères » chez lesquelles les enfants prenaient pension ? On devrait renouveler ce système, et, en supposant qu'on

7

ne puisse l'appliquer aux jeunes enfants, on
pourrait peut-être le pratiquer pour les élèves
du deuxième cycle des collèges et lycées et, à
coup sûr, pour les étudiants des écoles techniques; car il ne peut être question un seul
instant pour ces écoles de créer autre chose
que des laboratoires, des ateliers, des classes
et des champs d'expériences. Ces pensions auraient encore ceci d'avantageux qu'elles ne
feraient pas perdre à l'enfant l'esprit de famille. Cet usage éviterait aussi de donner
au jeune homme cette complète liberté qu'on
a vu octroyer si imprudemment, dans certaines écoles que nous connaissons, à des enfants de dix-sept ans qu'on laissait sortir le
dimanche sans même justifier de la garantie
d'un vague et falot correspondant !

Les « ménagères » auraient une responsabilité morale et effective vis-à-vis des familles qui les auraient choisies et des municipalités qui les auraient recommandées; elles
dégageraient cette responsabilité dans le cas
d'inconduite d'un pensionnaire. D'autre part,
un service d'inspection serait établi aussi bien

par les écoles que par les municipalités. C'est
là toute une organisation matérielle à créer
en même temps que l'institution de l'enseignement technique secondaire.

Ce bouleversement nécessaire pour sortir
de la stagnation actuelle brouille toutes nos
idées et prend l'allure d'une petite révolution
pacifique. Elle peut devenir grande par ses
résultats.

De même qu'un des buts du nouvel enseignement sera d'établir un fort courant démocratique dans le secondaire, de même il faudra nécessairement soutenir et aider les enfants des familles peu fortunées et nombreuses
dans leurs études techniques, et des bourses
seront créées à cet effet. C'est d'abord la
caisse de natalité qui y pourvoira, mais les
Chambres de commerce, les riches industriels
et les municipalités y contribueront aussi. Il
faut former l'armée industrielle; tous les sacrifices devront être faits dans ce but : c'est
elle qui, sur le champ de bataille économique, assure la pacifique victoire, source de
bien-être pour la nation.

Revenons à nos écoles techniques. Elles
ne donnent que l'enseignement. Les étudiants
sont logés et nourris chez des « ménagères »
offrant toute garantie, aux tarifs fixés par les
conseils des écoles et les municipalités. Les
élèves se disciplinent suivant les règlements
établis, sous le contrôle et la surveillance
des écoles. Il serait désirable qu'un insigne
indiquât leur qualité d'étudiant. Cet insigne
serait variable suivant les écoles. Je suis
partisan de ces marques extérieures, parce
qu'elles obligent ceux qui les portent à une
tenue et à une correction qui rehaussent l'é-
cole à laquelle ils appartiennent. Un courant
très fort s'est toujours accentué depuis trente
ans contre tout uniforme ou tout insigne dis-
tinguant les élèves de nos établissements. Est-
ce un si grand bien ? Je ne le crois pas.
Poussant les choses à leur limite, avant la
guerre, un rhéteur, un pratiquant de la surenchère, ne proposait-il pas la liberté pour les
soldats de s'habiller en civil quand ils ne
sont pas de service à la caserne ! Visiblement,
cette proposition était faite pour amoindrir

la discipline, bien que la première ligne du catéchisme militaire dise que « la discipline fait la force principale des armées ». Nous devrons dans notre réforme de l'enseignement rechercher les meilleures méthodes de discipline, qui sont choses toutes différentes des moyens de coercition. C'est l'affaire des pédagogues qui devront s'occuper de cette partie importante de l'éducation : création de l'esprit de discipline du haut en bas de l'enseignement.

Reprenons l'enfant à sa sortie de l'enseignement secondaire. Nous venons de voir que la plus grande partie de ces enfants appartenant aux deux sections sciences-latin A, sciences-langues C, venaient s'embrayer dans toutes les magnifiques écoles techniques secondaires qui s'ouvraient à leur activité; mais une partie de ceux de la section sciences-latin A, ainsi que la plupart de ceux de la section lettres B, s'orienteront vers les Facultés. Voilà donc les jeunes gens aiguillés dès dix-sept ans, sans perdre de temps à des concours déprimants, vers la carrière de leur choix : lettres, droit, médecine, sciences dans les cours des Facultés; commerce, industrie, agriculture, marine, armée, dans les écoles techniques.

Car il n'y aura plus une Ecole navale, une Ecole militaire de Saint-Cyr pour les enfants de l'enseignement secondaire, et une Ecole de Saint-Maixent pour les enfants du peuple.

Il y aura des écoles militaires et maritimes ouvertes aux enfants qui voudront embrasser la carrière des armes ou celle du marin. Quoi de plus logique ? Ils sortiront de ces écoles aspirants-officiers et, après une année de service, ils recevront l'épaulette.

Tel est l'ensemble du plan de réformes que nous entrevoyons pour l'enseignement secondaire dans une démocratie. Nous sentons bien qu'on va nous répondre que nous allons créer une immense médiocratie ; mais ce serait là une simple fantaisie de l'esprit qui n'aurait que peu d'importance. Nous ferons remarquer simplement que nous avons cherché :

1º A former l'esprit des enfants de douze à dix-sept ans, répartis dans les trois sections d'enseignement secondaire : latin-sciences A, lettres B, sciences-langues C, dont les programmes leur permettront, à la fin de leurs études classiques, d'embrasser la carrière choisie.

2º A donner l'accession de l'enseignement secondaire à une certaine proportion d'enfants de l'école primaire pour combler en partie le fossé qui sépare la nation.

3º A ne pas nous désintéresser de l'enfant après ses études secondaires; à ce moment, répondant aux nécessités modernes, nous lui ouvrons toutes grandes les portes d'un nouvel enseignement, celui de l'enseignement technique secondaire.

Nous ne voyons pas en quoi les jeunes gens sortant de nos écoles techniques seraient inférieurs à tous ceux, admis ou non aux concours des écoles actuelles, qui représentent l'enseignement technique de la France.

Au point où nous en sommes, la révolution toute pacifique des méthodes de l'en-

seignement secondaire est à peu près ache-
vée.

Les cadres, l'armature solide sont établis;
les soldats se recruteront facilement si l'on
veut bien inscrire dans la loi et rétablir le
contrat d'apprentissage.

En effet, il y a quarante ans bientôt que
l'obligation de l'école pour les enfants est
imposée aux familles; serait-il moins logique d'imposer l'obligation de l'apprentissage ?
Une nation est-elle intéressée à avoir dans
toutes les branches de son activité des enfants qui s'exercent aux multiples professions
qui sont les sources de sa richesse ? Est-il
aussi indispensable de savoir un métier que
de savoir lire, écrire et compter ? Cette question ne se pose même pas et il devient indispensable de mettre à l'étude le programme
de l'apprentissage et du contrat à intervenir
entre les familles et les patrons, sous le contrôle de l'Etat et par l'intermédiaire des syndicats professionnels. En tout cas, revenons
au plus vite à ce fécond principe de l'apprentissage avec fréquentation de l'école postsco-

laire, et posons l'obligation pour le patron de former des apprentis suivant un pourcentage du nombre de ses ouvriers.

Nous devons reconnaître qu'une loi sur l'enseignement professionnel, qui sommeillait depuis une dizaine d'années dans les archives du Sénat, vient d'être votée d'urgence par nos pères conscrits; cette loi, excellente dans son principe, envisage l'enseignement technique seulement à la base. Ce que nous demandons, c'est une réforme complète de notre système d'enseignement et la création de l'enseignement technique secondaire et supérieur. Une solide armature d'abord, tout se greffera sur elle.

Il faut que l'étude de cette question soit faite d'ensemble et non par parties. Il faut dans cet enseignement obéir à une doctrine, à une idée directrice, et non bâtir au petit bonheur, en déclarant tout à coup très urgent ce qui était enfoui dans les cartons depuis de longues années. Mais, encore une fois, le Sénat pas plus que la Chambre ne sont qualifiés pour entreprendre d'aussi vastes réformes. Pour nous, c'est au gouvernement qu'en revient l'initiative, car il a toutes ressources pour s'entourer des compétences qui sont nécessaires à l'élaboration du nouveau programme d'enseignement.

Nous avons vu qu'à l'âge de dix-neuf à vingt ans, le jeune homme sortait de nos écoles techniques avec une formation répondant aux besoins d'une nation moderne.

A ce moment arrive pour lui la période du service militaire. Quelle sera la durée de cette période ? Ce n'est pas le moment d'en discuter. Quoi qu'il en soit, à sa sortie du régiment, sa vie active commence et il n'a plus qu'à se développer dans la carrière à laquelle il a été préparé; à moins que, son ambition étant plus élevée, il ne désire recevoir un enseignement technique supérieur ; alors, et seulement alors, commence la période des concours pour l'accession aux écoles techniques supérieures. Quelles seront ces écoles ?

Pour l'industrie, elles se rapprocheront évidemment de l'Ecole centrale des Arts et Manufactures, comme aux écoles d'Arts et Métiers correspondront toutes nos écoles techniques secondaires.

Pour l'agriculture, le prototype restera l'Institut agronomique ; comme l'Ecole de guerre pour la carrière des armes.

Mais pour l'industrie et le commerce, il faudrait nécessairement plusieurs écoles centrales de hautes études qui grouperaient les spécialités ayant entre elles des affinités. Par exemple : Travaux publics et Ponts et Chaussées; Mines et Métallurgie; Physique et Chimie; Electricité et Mécanique générale; Finance, Banques et Statistiques; Economie politique et Sciences sociales, etc.

Au reste, notre enseignement technique supérieur n'aurait pour ainsi dire que des retouches à subir, des modifications à recevoir; il n'y a qu'à en coordonner tous les éléments existants.

Les jeunes gens sortant de ces écoles n'auraient pas plus que les autres de privilèges; mais leur titre d'anciens élèves leur donnerait le droit de concourir aux postes supé-

rieurs dont dispose l'Etat, sans faveur pour
l'une ou l'autre de ces écoles. N'est-ce pas
le concours d'agrégation qui dans l'enseignement donne à l'Etat les professeurs dont il
a besoin pour ses hautes classes ? De même le
concours lui donnera ses ingénieurs et ses chefs
dans la hiérarchie civile et militaire. Mais ne
nous égarons pas sur les sommets : quand l'enseignement technique secondaire sera réalisé
en France, nous pourrons dire que son avenir
économique est sauvegardé et tout en décou-
lera. L'intelligence de tous ces jeunes gens
instruits se répandra par tous les innombrables
canaux des carrières industrielles, commerciales et agricoles et elle donnera à notre pays
une vitalité insoupçonnée; la nation compren-
dra qu'elle a retrouvé la bonne méthode du
travail et son organisation rationnelle se fera
d'elle-même, en haut comme en bas de l'é-
chelle sociale.

Nous avons des savants et des ouvriers
intelligents; ce qui nous manque, c'est toute
une élite, jamais trop nombreuse, se plaçant
entre ces deux extrêmes. Nous l'obtiendrons

en démocratisant l'enseignement classique, en créant l'enseignement technique secondaire qui en sera le prolongement, enfin en coordonnant l'enseignement technique supérieur.

Puissent les quelques idées exprimées dans ces pages aider à faire comprendre l'importance de la réforme de l'enseignement, d'où peut sortir après la guerre la rénovation de notre chère France.

III

Tableaux horaires pour le programme d'enseignement secondaire.

Les tableaux horaires que nous soumettons pour les deux cycles de l'enseignement secondaire réformé ne sont présentés qu'avec la plus grande circonspection.

Chaque professeur spécialiste y fera, en effet, les plus expresses réserves, trouvant que sa matière est sacrifiée s'il ne dispose de plus de temps pour son enseignement.

Mais les programmes ne doivent pas être pesants ; ne bourrons pas les cerveaux, éveillons les esprits et faisons naître les idées.

Nous pensons donc qu'il faut tout d'abord tracer le cadre général, limité dans le temps de trois, plus deux années d'études. Puis subdiviser, tracer les cases secondaires et dire aux spécialistes : faites vos programmes en fonction du temps qui vous est départi.

N'oublions pas qu'entre dix-sept et dix-huit ans le jeune Français doit avoir reçu son enseignement secondaire.

Ni les familles ni les enfants n'ont de temps à perdre. Le complément d'enseignement donné aujourd'hui dans les classes supérieures des lycées se donnera dans les facultés. L'enseignement secondaire nouveau ne préparera pour aucune école spéciale; il délivrera le diplôme de fin d'études secondaires qui donnera accès aux facultés comme aux écoles techniques secondaires de tous genres : ne lui demandez pas autre chose.

Quand l'enfant entre au lycée, les parents auront donc le choix entre deux sections, suivant qu'ils tiendront l'un ou l'autre de ces deux raisonnements :

1° Je ne sais pas ce que fera mon enfant plus tard; continuera-t-il ses études dans les universités ou bien dans les écoles techniques ? je l'ignore. C'est pourquoi je le fais inscrire dans la section A, qui donne à la base de l'enseignement secondaire le latin. Il bifurquera plus tard comme il voudra.

2° Mon fils est destiné à une carrière prévue; il entrera plus tard dans une école technique purement commerciale ou industrielle; donc, à l'étude d'une langue morte comme le latin, je préfère celle de deux langues vivantes et qu'il pousse plus à fond les mathématiques et le dessin: je choisis donc pour lui la section C.

Au bout d'un an, les enfants de la division A dont les parents ont des vues aussi arrêtées que ceux qui ont engagé leurs enfants dans la section C, et qui, au contraire de ceux-ci, veulent pour leurs rejetons une éducation plus littéraire que scientifique, et pour qui rien n'est préférable à la vieille tradition gréco-latine, feront suivre à leurs enfants le programme de la section littéraire B.

Nous pensons que l'enseignement ainsi donné aurait assez de souplesse pour permettre aux parents de bien orienter leurs enfants.

Nous présentons ici les cadres des deux cycles et les tableaux horaires d'après lesquels les programmes pour chaque matière seraient établis par des hommes qualifiés pour accomplir cette tâche extrêmement délicate et de la plus haute portée sociale.

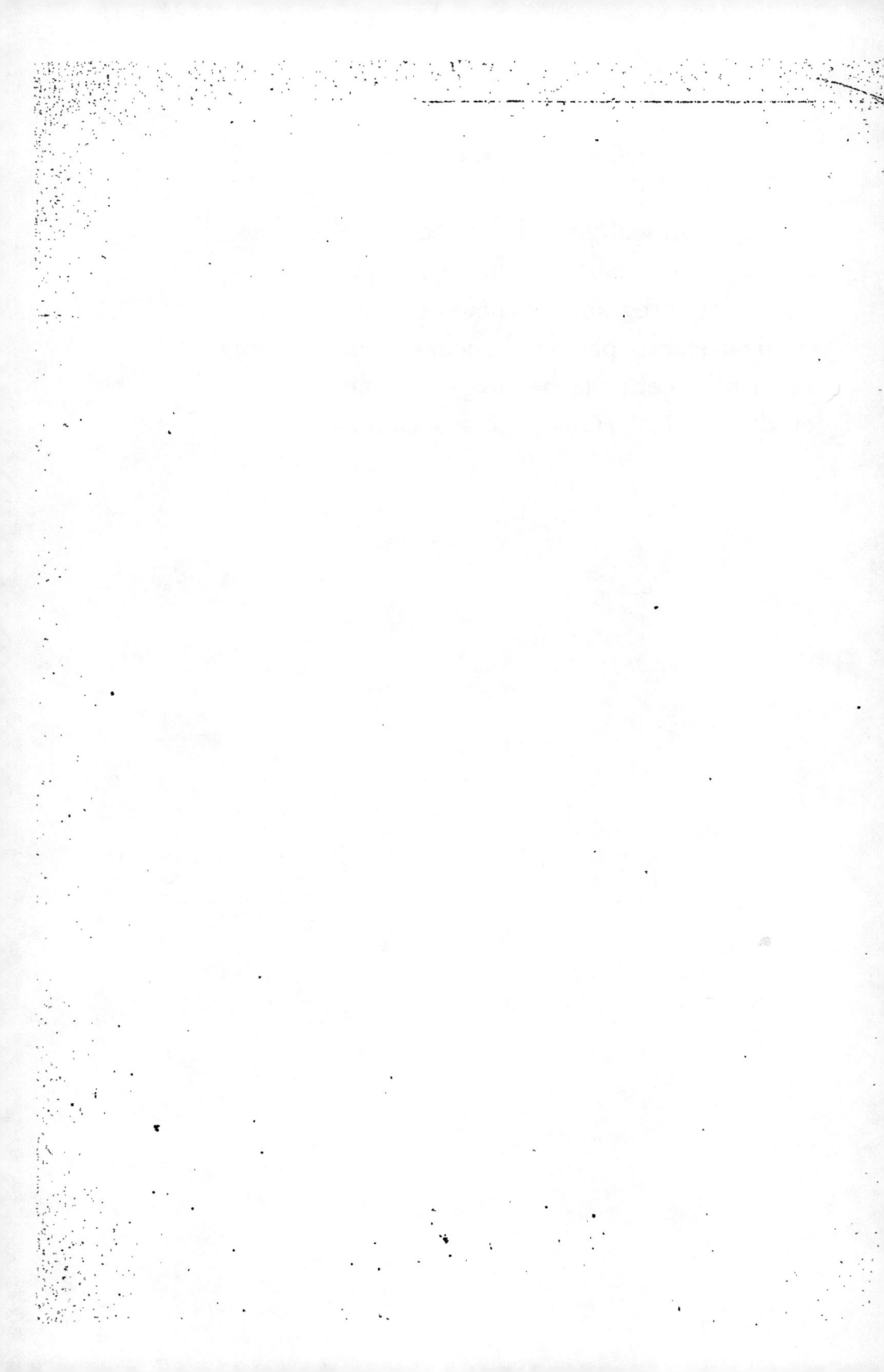

PREMIER CYCLE

douze à quinze. ans

Classe de cinquième, de douze à treize ans.

	Section *A* Heures	Section *C* Heures
Français	5	7
Latin	4	0
Langues vivantes	4	4
Histoire ancienne.	1	2
Histoire de France	2	2
Géographie	1	1
Calcul	3	3
Sciences physiques et naturelles .	2	2
Dessin	1	2
	23	23

Le premier cycle s'ouvre par deux sections : La division A avec le latin ; la division C sans le latin, mais on renforce alors l'étude du français, l'histoire ancienne et le dessin ; les autres études sont communes.

Classe de quatrième, de treize à quatorze ans.

	Sections		
	A	B	C
	Heures	Heures	Heures
Français	4	3	6
Latin	5	6	0
Grec	0	3	0
Langues vivantes	4	2	4
Histoire ancienne	1	1	1
Histoire de France . . .	2	2	2
Géographie	1	1	1
Mathématiques.	3	2	5
Sciences physiques et naturelles	1	1	2
Dessin	2	2	2
	23	23	23

En quatrième, en plus des deux sections A et C, l'une qui fait les études latines, l'autre se passant de latin, s'ouvre la section B où les études seront spécialement littéraires et où commencera en conséquence l'étude du grec.

Classe de troisième, de quatorze à quinze ans

	Sections		
	A	B	C
	Heures	Heures	Heures
Morale .	1	1	1
Français	3	3	5*
Latin .	5	5	0
Grec .	0	3	0
Langues vivantes .	4	2	4
Histoire générale .	1	1	1
Histoire de France	2	2	2
Géographie	1	1	1
Mathématiques .	3	3	5
Sciences physiques et naturelles	3	2	3
Dessin .	1	1	2
	24	24	24

Certificat d'études secondaires à la fin du premier cycle.

* Dont 2 heures pour l'histoire littéraire.

DEUXIÈME CYCLE

quinze à dix-sept ans

Classe de seconde, de quinze à seize ans.

	Sections		
	A	B	C
	Heures	Heures	Heures
Morale	2	2	2
Français, Littérature . . .	3	3	3
Latin	4	5	0
Grec	0	4	0
Langues vivantes	4	2	6*
Histoire générale	2	2	2
Histoire de France . . .	1	1	1
Géographie	1	1	1
Mathématiques	5	3	6
Sciences physiques et naturelles	3	3	3
Dessin	1	0	2
	26	26	26

* Deux langues vivantes.

Classe de première, de seize à dix-sept ans.

	Sections		
	A	B	C
	Heures	Heures	Heures
Philosophie	6	6	6
Littérature	1	3	1
Latin	4	5	0
Grec	0	3	0
Langues vivantes . . .	3	2	6*
Histoire générale	2	2	2
Géographie, Statistique . .	1	1	1
Mathématiques.	5	3	5
Sciences physiques et naturelles	5	3	5
Dessin	1	0	2
	28	28	28

Diplôme de fin d'Études secondaires ou Baccalauréat.

* Deux langues vivantes.

CONCLUSION

Nous venons de tracer, trop rapidement peut-être, le schéma d'une partie seulement du plan de rénovation que notre pays devra réaliser, quand, après cette effroyable guerre, l'humanité retrouvant ses droits reprendra son labeur interrompu.

Nous devrons alors, de nouveau, ceindre nos reins, mais cette fois pour entreprendre la tâche de l'avenir.

Les problèmes qui s'imposeront aux nations dans ce vingtième siècle seront sans nul doute des problèmes économiques extrêmement complexes ; ce n'est pas par l'éloquence seule de la parole qu'on pourra les résoudre ; celle-ci devra s'appuyer sur les données précises des hommes instruits, versés dans la pratique des affaires et connaissant à fond la technique des sciences industrielles et commerciales.

Une autre grave question agitera aussi ce siècle ; elle a été mal aiguillée du fait d'un allemand, Karl Marx ; elle a suscité dans notre pays « la lutte des classes », génératrice de la guerre fratricide plus atroce encore que la guerre contre l'étranger. On devra sous une forme moins décevante, moins pénible, plus généreuse, plus humaine en un mot, reprendre, étudier et résoudre, en partie tout au moins, ce problème gros de conséquences des rapports entre le capital et le travail. Ce n'est pas l'égotisme de quelques-uns qui nous conduira dans la recherche des solutions satisfaisantes.

En présence d'un avenir qui apparaît très lourd, quelle faute ne commettrions-nous pas, si nous ne savions préparer les jeunes générations qui auront à en supporter le poids.

Or nous croyons avoir montré combien sont insuffisantes et désuètes les méthodes de formation de notre jeunesse.

Une réforme complète s'impose donc et il

devient indispensable d'instaurer dans notre démocratie, par l'application d'une nouvelle doctrine d'enseignement, des études rationnelles, spéculatives d'abord, réalistes et utilitaires ensuite, et élever ainsi une jeunesse jamais trop nombreuse, nous le répétons, capable d'apprécier par sa double formation, aussi bien la splendeur des lettres et des arts, que la grandeur de l'action, à laquelle elle sera mêlée, de tout le peuple au travail.

Disciplinons-nous, développons notre natalité, soyons tolérants, ne nous divisons pas trop dans les arcanes d'une politique intérieure étroite et mesquine, travaillons ; et, si la paix que nous entrevoyons à l'heure où j'écris ces lignes est celle que méritent les efforts, les sacrifices et le droit de la nation, dans vingt ans, si nous le voulons, une France généreuse et forte « où l'action sera la sœur du rêve » s'épanouira sous le ciel !

Il n'y a rien de chimérique dans ce que nous espérons pour notre pays. N'avons-nous pas été les témoins de faits plus surprenants ? Faut-il rappeler que le Japon, en quelque cinquante ans, a brisé des liens millénaires pour devenir une nation moderne, et que notre ennemie l'Allemagne, sans être favorisée par la nature, au contraire, avait su créer en très peu d'années une marine marchande qui était devenue une des premières du monde.

Aux peuples comme aux individus s'applique l'aphorisme de Comte : « Savoir pour prévoir, prévoir pour pouvoir ».

Sachons vouloir la grandeur de la France.

TABLE DES MATIÈRES

www.ingramcontent.com/pod-product-compliance
Lightning Source LLC
Chambersburg PA
CBHW071827090426
42737CB00012B/2195